「文化传家」系列丛书

太極文化

中国人的修身之道

钟鹰扬 著

文匯出版社

"文化传家"系列丛书

编辑委员会

编委会主任 吴晓明

主　　　编 沈国麟

编　　　委（以姓氏笔画为序）

马笑虹　仓　平　杨志刚　沈国麟　杨伟中

郑召利　岳　强　贾　杨　黄　琼

目 录

总序	生活·生命	沈国麟	1
序	兼通文武的中国文化修行之道	任 刚	1
自序	人生是一场探索之旅		3

上篇	中国文化之根本	1
	一、中国文化之根本	2
	1. 道，万物之根本	2
	2. 儒家，道的继承者	8
	3. 人的最高修养是养气	11
	4. 品读孟子《养气章》	14
	二、太极拳的圭臬	33
	1. 太极拳的圭臬《太极拳论》	34
	2. 王宗岳《太极拳论》	36
	三、太极拳的体与用	50
	1. 太极拳与搏击	50
	2. 松是活相，紧是死相	54
	3. 四面八方的空间感	59
	四、太极拳与健康	64
	1. 是什么在伤害我们的生命力	64
	2. 动静结合，打开人体的大药库	70

3. 人体形态学与太极拳　　77

下篇　太极拳的入门练习　83
　一、太极拳的入门练习　84
　　1. 站桩的身法与心法　84
　　2. 静坐入门旨要　91
　　3. 静坐和站桩的不同在哪里　96
　二、太极拳架的练习　100
　　1. 太极拳架的练习　100
　　2. 如何练功才不会落入自己的幻想里　110
　三、详解身法中的要领　114
　　1. 身法第一要领之虚领顶劲　114
　　2. 容易误解的含胸拔背　120
　　3. 能让气降下来的沉肩坠肘　126
　　4. 松腰，开启人体的核心力量　130
　　5. 圆裆松胯，稳定的下盘　136
　　6. 复归于婴儿，先做好舌抵上腭　140

附篇　太极文化的传播　147
　一、我在欧洲教太极　148
　二、李小龙与太极文化　154

附录　163
参考书目　166
后记　167

总序

生活·生命

20世纪30年代，林语堂先生在撰写他的代表作《生活的艺术》时，曾给中国读者写了一封信。信中说，中国人之生活艺术久为西方人士所见称，而向无专书，苦不知内容，到底中国人如何艺术法子，如何品茗，如何行酒令，如何观山，如何玩水，如何看云，如何鉴石，如何养花、蓄鸟、赏雪、听雨、吟风、弄月……我小的时候读《生活的艺术》时便有困惑：我们中国人的生活果真如此惬意吗？林先生是五四新文化那一批人中讲好中国故事的代表，作为"两脚踏中西方文化"的他，对东西方文化有着深刻的领悟，我长大了才慢慢懂得，林先生是写出了中国人生活的精髓。观山玩水、看云鉴石，不只是生活中的游戏，也是在困苦中找到生活的快乐。

《论语》开篇，子曰："学而时习之，不亦说乎？有朋自远方来，不亦乐乎？人不知，而不愠，不亦君子乎？"头两句就是讲快乐的，而第三句的"不愠"，指的是不生气，其实讲的也是快乐。中华民族历经几千年历史，可谓磨难重重，危难兴邦，可是中国人对生活的态度是：再苦难的生活，依然要在痛苦中寻找快乐，在苦难中看到光明，在绝望中看到希望。

我大学一年级的时候，参加了学校组织的扶贫考察活动。当时我们去了陕西最贫困的县，看到最贫困的老百姓住的是窑洞。走进窑洞，环顾四周，可谓家徒四壁，非常简陋。但我忽然瞧见在窗户上还贴着红灿灿的窗花，感觉到即使在那么贫困的环境中依然能够看到生活的希望，这大概就是我们中华民族历经劫难，依然能够在艰难困苦中崛起富强的原因吧！

明代才子金圣叹的《不亦快哉三十三则》，细细品味，都是讲生活日常。第一快是讲炎炎夏日，鸟都不敢在天上飞，大汗淋漓，吃不下饭，地上潮湿，苍蝇乱飞。无可奈何之际，忽然大雨倾盆，苍蝇也不见了，终于可以安心吃饭，这难道不是让人快乐的事吗？第二快是讲十年不见的老友，忽然前来拜访，赶紧问妻子有没有酒钱，妻子把簪子取下交给自己，让去买酒，这难道不是让人快乐的事吗？夏天炎热吃不下饭，可见住房条件不怎么好；朋友来访，拿不出酒钱，只能用妻子的簪子去换，可见生活捉襟见肘，看上去金大才子的生活似乎并不如意。三十三则不亦快哉，大都是讲在不怎么快乐的场景中品味快乐。

"自古才命两相妨"，才华横溢往往也命运多舛。宋代大才子苏东坡一生沉浮，屡经挫折，他提出了人生十六件赏心乐事：清溪浅水行舟，微雨竹窗夜话，暑至临溪濯足，雨后登楼看山，柳阴堤畔闲行，花坞樽前微笑，隔江山寺闻钟，月下东邻吹箫，晨兴半炷茗香，午倦一方藤枕，开瓮勿逢陶谢，接客不着衣冠，乞得名花盛开，飞来家禽自语，客至汲泉烹茶，抚琴听者知音。这十六件乐事与文章无关，与官场无关，与功名无关，与荣辱无关。被官场泼了一身脏水后，苏学士依然能够在平常生活中找到人生的乐事，不由得不让人佩服。

历经艰难乐境多。生活给了我们磨难，我们要从磨难中找到快乐。中国历史上不乏那些热爱生活、享受生活的"生活家"，比如孔子。孔子不仅好学，而且主张乐以忘忧——"知之者不如好之者，好之者不如乐之者"。他最快乐的事是带着学生去春游，去沂河里洗洗澡，在舞雩台上吹吹风，然后，一路吟唱着回家。"莫春者，春服既成，冠者五六人，童子六七人，浴乎沂，风乎舞雩，咏而归。"他是个美食家——"食不厌精，脍不厌细"；他收学生不要昂贵的学费，只要十条腊肉就可以——"自行束脩以上，吾未尝无诲焉"，这可能只是他的一句玩笑，也许他最爱吃腊肉；他"温良恭俭让"，有时也会训斥学生，比如，骂宰予烂泥扶不上墙——"朽木不可雕也，粪土之墙不可圬也"。

我以为理想的生活也许是这样的：不过分乐观，也不过分悲观，而是达观地看待生活中的一切；可以追求功名利禄，但不为功名利禄所困；懂得世事多变，却也抱着美好生活的希望；看尽世态炎凉，仍然热情地生活着；经历人情冷暖，照旧与人为善；了解人生艰难，依然能在生活中找到快乐。

然而，有快乐就会有痛苦，有痛苦而后有反思，有反思而后有求索，有求索而后有觉醒，有觉醒而后有通达，有通达而后有悲悯。

悲悯，悲的是天，悯的是人。天和人是一体的。中国传统文化讲究天人合一。所谓天人合一是本来为一，绝非意识想象而合。宇宙是大生命，生命是小宇宙。在中国古代的传统农业社会里，春耕秋收，离不开天地的蕴化，因此，古人衣食住行、婚丧嫁娶，皆自观天象来定。人事与天地自然有很大的关系，所以，古代中国的天文气象之发达，已经形成了一套成熟完备的知识系统。例如，节气就是古人在干支历表中根据一年中天文气象的变化确立的特定节令。二十四节气周行不殆，循环往复，揭示了气候变化的规律，并将天文、气候、自然变化和人事更替巧妙地结合在了一起，是世界非物质文化遗产，也是中国人对时间的表达方式。古人睹花木生灭之序，顺阴阳气机之变，成人事繁盛之业。天人合一，意味着天地宇宙和人事心意是一体的。"体上合一，用以分别。"这是中国人的生命观。

有什么比人的生命更重要的呢？生命是人从生到死的一段旅程。在这段旅程中，人要经历时间上的延续和空间上的转换。生命是悲喜，是荣辱，是舍得，是浮沉，是聚散，是成败，是离合，是生死。在时空变化中，人的这一段生命要经历种种高低起伏和春夏秋冬。但凡拥有灿烂文化的文明，对生命一定有独到的看法。孔子说："逝者如斯夫！不舍昼夜。"老子说："道生一，一生二，二生三，三生万物；万物负阴而抱阳，冲气以为和。"庄子最是活泼可爱，逍遥自在。庄子的妻子去世，他非但没有哭，反而在一旁敲着瓦盆唱歌。他说，妻子没来到这人世间之时，本来就没有生命，没有形体，如今又从活着走向死亡，这就和春夏秋冬四季交替运行一样，死去的她安然地躺在天地之间，这本就是生命的常理。轮到庄子自己要死的时候，他的弟子想要厚葬他，他制止说：我要以天地作我的棺材，以日月作我的连璧，以星辰作我的珠玑。万物都为我送葬，我的葬仪是十分完备了。弟子说：我们恐怕老鹰会吃掉老师的身体。庄子说，在天上被老鹰吃，在地上被蝼蚁吃，夺取老鹰的食物送给蝼蚁，为什么这样偏心呢！

庄子说，知其无可奈何而安之若命，德之至也。生命中有许多无可奈何，面对生命中的事与愿违求而不得，安心接受它，就仿佛是命运的安排一样。庄子认为这是德的极致。庄子的生命观为我们提供了某种超越性。接受它，是要超越它。超越生命中的成败得失，超越生命中的荣辱起伏，乃至超越生命中的旦夕祸福。

生命有数宜体会，时光无长莫怠荒。中国传统文化里有着许多对生活和生命的体会及领悟。例如，香事，蕴含着中国人对于生活的品味，对于生命的体察；花道，意在静观花木，领悟人生；书法，是汉字的艺术，每一个汉字都仿佛是一个生命;太极,是内在生命的外化;中医,是中国人的生活之道,是生命能量的调节和调整……

文化的力量是无穷的,而且绵延不绝、长久不断。学习传统文化绝不仅仅背背诗读读经,而需要系统地学习和理解数千年来中国人的观察方式与思维方式,再通过自己的实践来理解和体会,这才是真正知行合一地学习传统文化。日用而不知,传统文化只有跟日常生活结合在一起,才能有经久不衰的生命力。

这套书聚焦传统文化,旨在写出中国人日常生活中的文化精神,取名文化传家,意在让传统文化通过中国人的核心单位——家,一代一代地传递下去。

家国于心,人月两圆。家国情怀是中国传统文化中最朴素也是最深切的情感。生命在家庭中繁衍,生活在家庭中美满。从孝亲敬老、兴家乐业,走向济世救民、匡扶天下——这是中国传统文化的核心精神。家国同构,心怀天下。愿传统文化能够不断滋养我们的生活和生命,愿传统文化能够维系家国,惠及天下。

沈国麟
二〇二一年中秋于复旦燕园

作者与太极师父任刚老师

序

兼通文武的中国文化修行之道

鹰扬新书付梓在即，嘱予作序，颇感欣喜。

一转眼，鹰扬跟着我学习太极拳已经整整十五年了。在学习太极拳之前，他有着十多年习练咏春拳和空手道的经历，少年时即在欧洲获搏击亚军；再加上中医科班出身的学历背景，一文一武，使得他对中国传统文化有着相当扎实的积累和独到的见识。而这一切又为他能够步入太极拳之堂奥起到了十分有益的铺垫作用。毫无疑问，他对太极拳是痴迷的，更是勤奋好学的。凭着这股子钻劲，这些年来，他对太极拳的领悟可谓渐入佳境，太极功夫也日渐成熟，个人特色逐渐显现。与此同时，他还善于总结，并能将所学所悟融入平常教拳课徒的过程中，形成了具有自身特色的太极拳教学模式，培养出了不少太极好手，可喜可贺。

民国金恩忠所撰的《国术名人录》中记载："杨露禅聪明识书，以格致参入技击，故太极拳已入不闻不见之化境。"文中提及的"格致"即儒家经典《大学》的核心思想"格物致知"。众所周知，"格物致知""诚意正心""修齐治平"，实则就是儒家修行全部内容的一个高度概括。可见太极拳不仅仅是一种"野蛮其体魄"的体育运动，更是一条兼通文武的中国文化修行之道。

可喜的是，鹰扬的这本小册子里在谈太极拳的同时，也谈到了一本中国文化的重要典籍——《孟子》。看得出来，这是他通过太极拳习练和教学，在实践中体悟孟夫子"浩然正气"的一些心得体会。加上他对太极拳练习所做的深入浅出的介绍，读来让人颇觉亲切且易于领会。可见书虽小而用心甚，足堪引领太极拳及中国文化初学者入门之用。

任 刚

二〇二三年元月三日于沪上雍荷堂

自序

人生是一场探索之旅

我认为自己某些程度上是受到上天眷顾的,从小身体比较健康,也没有经历太多的痛苦和意外。父母在我的成长过程中也给予了非常大的自由度,让我能学习自己感兴趣的知识,做自己想做的事情。这可以说是一份莫大的福气。尽管如此,无形中还是有着对生死的疑惑,导致有极大的不安感。正因为如此,我开始尝试寻找答案。

对我来说,最大的兴趣爱好莫过于对生命实相的探索。生命的来源与形成,宇宙万有的现象和本质,以及生而为人的安身立命之道,这些议题都深深地激发着我对生命的探索和对研究的渴望。

因为对这一切充满着好奇心,我从十几岁就一头扎进了中国传统文化里,从最初对传统文化的懵懂好奇,到慢慢能窥睹其堂奥后去实修实证,我都感觉自己走在光明大道上,渐渐冰释了对人生的各种疑团。

我们的人生往往会有许多不如意和不幸的事情发生,想要的得不到,不想发生的却偏偏会发生。我们希望诸事顺遂,但生命里往往充满了事与愿违,由此产生了诸多痛苦与执着,这让我们不得不去冥思苦想,出路在何方。

当我们不把人生和生命当作过于真实的存在去执着,而更多当作一出戏或一场试验去经历和感受，会发现这里面可谓多姿多彩，充满着各种可能性。

中国传统文化是博大精深的，上至天文，下及地理，中通人事，有着几千年的诸多论述，诸子百家相互争鸣，丰富多彩。同时，中国传统文化是知行合一的，关于生命的探索不是徒有理论就足够了，更需要亲自体验，实修实证。

在实修的道路上，除了对儒释道的研究，我还选择了武术和中医作为实践方式。它们都是知行合一的实在功夫，理论与实践虚实兼备，相对应的效果显而易见，来不得半点虚假。武术的作用在于强身自卫，中医的功效在于治病救人，有没有效果，都如实呈现。它们都是古老的文化体系，沿用至今仍在发挥不可估量的价值。举例来说，武术里的太极拳，现在全球有数亿人在练习，其强身健体的功效得到国内外一致认同。中医中药更不用说，自古至今都在为中国人的身体健康保驾护航。在2003年的非典疫情和2020年的新冠疫情里，中医药在保护和挽救人们生命健康方面做出了巨大贡献。

这些文化瑰宝来自中国，属于全人类。我有幸在武术的领域里实践了30年，在中医领域探索接近20个年头，也一直在从事这方面的工作。除了自身受益外，我也通过教学和治病帮助了很多人。

希望这本书能够为身心受到困扰的人带来启发。地球及人类正值前所未有的变革时代，整个国际社会、全球经济和生活状态都有着翻天覆地的变化。这些变化会带来相当大的危机，比如，心理上的恐惧与焦虑。外界变化太快，信息量又空前巨大，来不及去适应，心理的问题也会影响身体健康，身心一体，相互牵连。

但事物往往有两方面，中国人称有"阴阳两面"，有好必有坏，有坏也

必有好。《道德经》里也提到祸福是相依的,当然有危就必有机。简单来说,太极就是阴阳,而且阴中有阳,阳中有阴,相辅相成。只要我们能认知到这一种太极智慧,永远保持全观地看见事物的两面性,就能很好地转化现有的局面。除了从理论上明白外,更需要对这种智慧用全副身心去体会与实践,这就是"修身"的道理。关于"修身"在儒家里有一个定义,就是需要通过诚意和正心去修养自己。我们需要诚意来对待万事万物,才能得到客观和真实的反馈,从而修正自己的内心。当心是中正时,就能不偏不倚,才能对万物有全面观察和洞察,看见其真实的本质——阴阳。这就像中医治病一样,虽然疾病有千千万万种,但不外乎阴阳失衡。只要能把这一种失衡状态纠正过来,平衡得以建立,就能恢复健康。这本书就是分享如何获得这一种平衡的智慧。

我想通过自己对中国传统文化的领悟和实践,来告诉大家中国文化是什么,先贤们的修养是如何的。书中的编排会从理论到实践系统地开展,介绍有关太极的文化背景、传承、体用和具体练习方式。文字相对浅显易读,若有不正确之处,欢迎指正。

中国文化里蕴含着中国人内心安稳之根本,希望每个人都能从中汲取到营养,收获源源不断的力量,帮助我们跨越人生的重重障碍。

钟鹰扬

[上篇]

中国文化之根本

我们之所以称自己是中国人,因为我们是恪守中道的民族,继承了「道」文化。中道简称为「道」,是一种教会我们如何不偏不倚与天地人共处的大学问。用现代语言来说,就是一种建立平衡与和谐的智慧,这也让我们拥有转化一切的力量。

一、中国文化之根本

1. 道，万物之根本

作为现代人，我们为什么还要学习传统文化呢？

简单来说，就是要从古代圣贤的智慧言教中学会安身立命，在生命中寻求心安之道。回顾近百年的历史，从个人身心成长的角度而言，单纯靠现代式的教育显然是不够的，必须有一种融合现代和传统的方式才能弥补不足。学习传统文化后，能不能让我们对人生、对世界越来越没有疑惑，能不能帮助我们解决身心内外的诸多问题，这是最为关键的一点。

其实，不是一定要生搬硬套古人的道理，但如果它对当下的时代有实际用处，对精神有滋养，这样就需要用它来丰富我们自己，用它来帮助我们突破人生的困难和障碍，收获心安。

在这个时代，物质生活虽然比较富裕，但大部分人在精神方面却是匮乏的。怎样让现代人拥有精神食粮，尤为重要。我们的中国传统文化孕育了非常多的思想体系，比如，诸子百家，当中的儒、道最有代表性。

我们之所以称自己是中国人，是因为我们是恪守中道的民族，继承了"道"文化。中道简称为"道"，是一种教会我们如何不偏不倚与天地人共处的大学问。用现代语言来说，就是一种建立平衡与和谐的智慧，这也让我们拥有转化一切的力量。

说起"道"的根源，出自先秦。当尧传位给舜的时候，重点提出了中道的精神，传了十六字心法——"人心惟危，道心惟微；惟精惟一，允执厥中"，用以治己治国。它的意思是说人心变幻莫测，而道微妙难求，唯有坚定信念守着中道的精神，方能获得中道的智慧。把握中道，明了此法则，不仅对我们的身心有益，推而广之，对我们的技艺和学问，甚至齐家治国，均能起到莫大的帮助。因为中道代表一种合理性，阴阳的平衡之道，也就是我们在此书中要探讨的太极文化。像儒家孔子也是继承"道"文化的重要人物，这点可以从孔子学习和注释《易经》中得知。他在《易传·系辞传》中写道："一阴一阳之谓道。"《易经》是通过阴阳卦象对宇宙万象变化的演绎。孔子把"道"这个系统用儒家的方式和语言表达出来，其实也是从中道出来的。

如果我们要追本溯源，就要从道家谈起。我们首先要明白"道"是什么。道代表本源，万物的源头，万物都是从道中衍生出来的。所衍生出来的事物有其一定的运行规律，就是"合道"，合乎天地运作规律或法则，顺之者昌，逆之者亡。

若要了解"道"，我们可以先从经典入手，比如，《管子》《道德经》《庄子》和《列子》这样的书籍。但光读书远远不够，如果要从中获得对身心的益处，就要用身心去体会。《道德经》里提道："致虚极，守静笃。万物并作，吾以观其复。夫物芸芸，各复归其根。归根曰静，是谓复命。"只有"静"才能让我们回归于道，体悟万物的根源，了知生命的真实。

"静"能让我们发现生命本来具备的一种功能，它属于先天（与生俱来）的，可以称为觉知，道家往往用元神来形容。觉知是现代人熟悉的用语，所以本书也多会用这个词来开展，也会根据不同情况使用"感知""感受"或"良知"，其意思相同，都代表人去除后天思想的先天状态。通过静心去觉知，才能悟出万物运作的根由与法则，所以称为"觉悟"，必须有觉才能悟，能回到先天才能感悟后天。整个生命也无非是先天与后天的两种状态。我把传统文化分为先天之学和后天之学，两者并不矛盾。这两种学问兼具才是完整的，让我们能自在无惑地活在世间。

觉知，是一种心的功用，抑或说心的功用在于觉知。通过深层觉知，方能回归先天。相对而言，思维就是属于后天，是我们出生后接受种种概念和经验所形成的。若我们能放下后天，体会到生命的本源，那就是先天。

领会先天是极其重要的，我们活在世间，需要获得平衡。如果一直陷入后天知识的思想和逻辑推理之中，往往会被困住，因为知识会被时空所局限。但是先天是开阔的，没有任何制约。如果我们能修养自己，保留先天，发展后天，在生命中就能得到平衡的发展。换句话说，主仆要分明，先天为主，后天为仆，有这样的认知就无往而不利。

后天我们往往会非常熟悉，因为我们都生活在后天里，反而对先天很陌生。

要恢复到先天的觉知，需要注意下面几点：

第一，不造作。不加入自己的任何头脑想法。

第二，不评判。任何身心的感受都没有好坏的评判。

第三，不分别。对内外所有的影像，包括声音等种种感受，只是了了分明，不去分别。

第四，不抓取。凡事不落在某一个焦点或参考点上。

第五，不落入二元对立。对立都是思想产生的，只要我们安静下来，就会找到万物一体的感觉。

当一个人明白"道"以后，就能回归先天，拥有像"道"一样的德行，能够参透万物，明白其本源及规律。

如何理解"道"呢？

道，有一些特征，来帮我们了解它。

道的第一个特征是"虚无"。虚无表达道的体性不实，没有固定形状，甚至不能用言语去描述与定义它。但它确实"存在"，像虚空一样，包容万物，不受时空限制。如果是实体，便产生质碍。所以也可以说虚无是一切的可能性，万事万物在虚空当中都可以变化而生。

道的第二个特征是"自然"。在后天中一切都在流动，万物的生长都要遵循自然的规律，春夏秋冬或人的生老病死，都是自然生灭的规律。任何事物都无法违反这个特性。

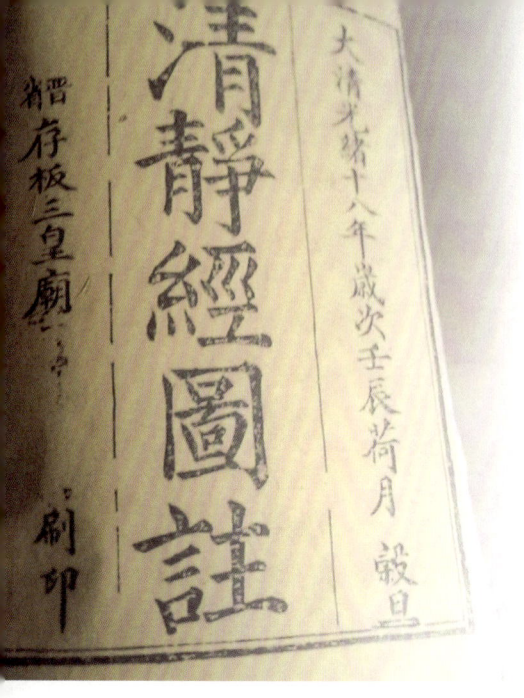

《清静经图注》

道的第三个特征是"清净"。回归道的本源，能体验到的极净状态。就像《清静经》中提到的"人能常清净，天地悉皆归"。人的情绪和困惑都是因为有对立而产生，只要打破对立，情绪和评判得以止息，便能回归清净本心，体会到万物一体。反之，若我们头脑思绪不断升起，一直处在纷扰状态，就与道背离甚远。

道的第四个特征是"无为"。无为的意思是不造作。只有不造作，我们才能够顺应自然，顺势而为，遵循万物的规律去行事，方能长久。落入有为，便落入了局限。

道的第五个特征是"柔和"。水是至柔之物，如果要用一种物质形容道的话，我们会用水。水性纯善，所谓"上善若水"，"水善利万物而不争"。水能滋养万物，没有任何的分别心，不因善恶美丑对万物作区分。道的德行能够滋养包容万物，是柔和的，没有任何对立。

在传统文化里除了明理外，也注重实践，需要落地，用于生活当中。在道文化当中，古人会用无极和太极这两个概念来指导我们的应用。

无极，一切的源头是道，也就是先天，古人也会以"无极"来形容。无极，就是不执两极（端），没有对立，是天地之始，混沌状态，自然也无穷无尽。在人而言，这个时候超越任何思想，无知无欲，自在逍遥。

太极，由无极而生，古人说"无极而太极"，它们之间类似母子的关系。

無形無象

太是大的意思，分开大的两端，一阴一阳，通过阴阳变化而生化万物。无极是体，超越阴阳，不落两边，是先天，超越二元对立的状态。太极代表规律，是用，是后天，就是《道德经》讲的"德"。

万物从道衍生出来，运行规律必须通过阴和阳，如太阳和月亮、男和女、水和火等。在平衡中才可以带来万物繁荣的发展，比如，在南极和北极极寒冷的地方，或者沙漠极炎热的地方，物种都会比较少。只有在阴阳平衡的地方，生命才能繁荣地成长。我们认为，当阴阳趋于平衡的时候，是最接近先天道体的，因为德体现得淋漓尽致。所谓道与德，就是传统文化对于这个世间的认识。

了悟道与德，才能趋向于中和。对这个世界而言，才能得到和平；对人生而言，才能够事业家庭和谐；对身体而言，才能得到健康。

道是体，德为用。就像木头与家具，木头可以做成各种各样的家具，如桌椅板凳，是变化的，但体是同一个，就是木头。

明白天地大道后，必然需要落实于人，以人为本，而儒家就是一种这样的文化，不得不提。儒家的创立者孔子是道的继承者，而孔子的哲学教会我们如何真正做一个人。

2. 儒家，道的继承者

儒家由孔子创立，是一门探索人性和人与人之间关系的学问。它指导我们，如何拥有一个成熟的人格与品德，如何与人相处，整个社会和世界该如何发展才能获得一种共同的和谐。再扩展开来说，各个国家和民族该如何相处以避免各种纷争和战斗，直至最终达到一个大同世界。

大同世界不是一个纯粹的理想国，而是实际能达到的一个目标，为了达到这个目标，儒家学说提出了非常具有实践意义的操作步骤。这些步骤需要从小到大、从每个人的自我认知及修养开始。儒家经典里的《大学》所阐述的正是这些道理，提出"自天子以至于庶人，壹是皆以修身为本"。它详细讲解了一个人如何一步一步迈向成熟的人格，也提到从帝王到将相，到一般老百姓，都需要去学习和实践。

《大学》一共提出了八个步骤：

一、格物（感格万物）：一般人若没有通过一定的学习和练习，自身和外界的联结往往是表面或割裂的。这是由于思想造成了分离，因而产生了二元对立。格物的前提是静定，就是不加任何分别去感受身心内外的一切，可以是有形的物质或无形的各种现象。

二、致知（对"觉知"的认识）：通过第一步对万事万物的感受，会得知我们具备一种与生俱来的感知力（觉知），就是拥有了这种感知力我们才能知道所有事物的形成与变化。

三、诚意（行动中带着"觉知"来对待所有事情）：带着"觉知"去行动，我们就不会被先入为主的思想和概念所限制，反而会发现一切的可能性，从而打破以往的局限。我们得以看到事物真实的情况和问题的根源。

四、正心（自心的修正）：通过我们的诚意去处事，就能获得反馈并观察

到我们自心状态。一旦发现自心受限，非常不自在，我们就要进行修正。这种烦恼是由于人的无明所造成的，也许是因为我们的习气，认知的偏执和对事物本质的不了解。我们要认知真实的情况，不再受牵扯，从而纠正我们的自心。

五、修身（内外的修证）：努力完成诚意和正心的过程就是修身。这个过程是非常艰难的，要不断深入地认识与突破，最后达到成熟的品格。

六、齐家（家族和谐）：齐家的意思是说当家族里有人通过以上的自身修养，培养了良好的德行，继而影响到其他成员，甚至让他们一起来学习，整个家族也跟着改变了。

七、治国（国家的和谐）：以往的国家是由不同的家族组成。当每个家族都能被儒家这种从自身出发的学问影响和感化，民风渐变且越来越和谐的时候，整个国家的治理就能步入轨道。当然，执政者也需要同时具备这种修为。

八、平天下（天下的和谐）：一个国家处于国泰民安的状态下，就有可能影响到邻国，促使对方学习自己的文化。世界和平终有实现的一天。这就是孔子所立下的目标，它是远大的志向，只要我们努力，就能朝这个方向不断迈进。

通过这八个步骤，我们可以清楚地看到，儒家的修正学问是获得正能量的学问，也是仁义的精神。仁就是慈悲心，义是有担当。这种能量不但在体内，也在体外，与天地相接。孟子称这种能力为浩然之气。它是一种巨大的勇气，让我们能够突破一切障碍，勇往直前。

3. 人的最高修养是养气

在儒家的修养功夫中，最高的修养是养浩然之气。"浩然之气"一词是由战国时期的孟子提出的。孟子是孔子弟子子思门人的再传弟子，后人尊称他为亚圣，仅次于孔子。在孟子的文字里，我们不仅能读到他对人性和政事的独到见解，更能品味他细致地阐述人道方面的修养功夫，非常难得。在孟子和弟子公孙丑的对话中，在《养气章》中提到，弟子问孟子：

"敢问夫子恶乎长？"曰："我知言，我善养吾浩然之气。""敢问何谓浩然之气？"曰："难言也。其为气也，至大至刚，以直养而无害，则塞于天地之间。"

公孙丑问他老师孟子有何不一样的长处。孟子回答说，他善于养浩然之气。它是一股能量，至大至刚，具备无穷的威力，充满整个宇宙和山河大地。这一种能量需要好好养育，不要损伤它。由此我们可以知道，气是宇宙中万事万物运行的力量。浩然之气的说法虽然出自孟子，但养气这种修养在先秦时期就有，在孟子身上发挥得淋漓尽致，之后如文天祥、王阳明、曾国藩等许多历史上的名人都有养气的修为。近代以后，东西方关于人类心灵成长方面的研究和方法有很多，讲得也都非常好，但我发现也有不足的地方，就是没有把握到修养的真正核心——养气。

关于浩然之气的进一步论述，可以在文天祥的《正气歌》里找到。文天祥是我们都熟知的大宋名将及英雄，他生前被俘虏后关在监牢里。牢房里的环境是很恶劣的，四面不透风，阴暗潮湿，充斥着污浊秽气，一般人在里面都是要生病的。文天祥被关了两年，却身体无恙，百邪不侵，为什么呢？他说原因正是善于养浩然正气。

他在《正气歌》里写道："天地有正气，杂然赋流形。下则为河岳，上则为日星。于人曰浩然，沛乎塞苍冥。"用现代语言来说，天地之间有一股正气，它有不同的表现形式。在地上的呈现形式为河流山川，在天上的呈现形式是日月星辰，它们都是由这股正气的变化推动而成。于人可称为浩然正气。那是一股浩瀚无垠的能量，充塞宇宙天地之间，无处不在。人一旦和整个自然界、宇宙接通，就会得到这股浩然之气的能量。

为什么文天祥能在狱中不生病，不受邪气侵犯？在这里可以提一提中医健康与养生的最高法则，《黄帝内经》里说："恬淡虚无，真气从之，精神内守，病安从来。"这里的"真气"指的就是浩然之气，"恬淡虚无"，就是养气的方法。

由此可知，打开养气这扇大门唯一的方法就是"静"。恬淡虚无讲的是我们的心要静，心广大如虚空。所谓静定，就是不让头脑思想来搅动我们的心，进而能深层次、全面地觉知我们的身心内外，清晰自己的生命。体会身心是一体的，接着再通过系统的训练就能融入到虚空中，体会到天人合一的状态。在这个圆满当中才能感受一种巨大的能量。

既然养气有这么多好处，什么事物会损伤到浩然之气？就是我们的七情。七情就是喜、怒、忧、思、悲、恐和惊七种情绪。七情可以不断地消耗我们，让气机逆乱，像喜则气缓，怒则气上，思则气结，悲则气消，恐则气下，惊则气乱，如果我们被七情困扰，浩然之气自然就养育不起来。这样的话，我们是不是不能有情绪？也不是的。像《中庸》里面说"喜怒哀乐之未发，谓之中；发而皆中节，谓之和"。只要能控制好情绪，不至于影响到圆满的养气状态，就可以了。

除了中医，在拳术中也讲究养浩然之气，可以相互参考。内家拳里的太极拳和形意拳都把"养气"作为鉴定外家拳和内家拳的重要标准。如果我们不懂得养浩然之气，就是外家拳；懂得养浩然之气，就是内家拳。在武术界有一个故事，讲述孙氏太极拳创始人孙禄堂当年去请教形意拳前辈宋世荣时说道："予练拳术亦数十年矣。初亦蒙世俗之见，每日积气于丹田，小腹坚硬如石，鼓动腹内之气，能仆人于寻丈外，行止坐卧，无时不然。自为积气下沉，庶几得拳中之内劲矣，彼不能沉气于丹田小腹者，皆外家也。"

孙禄堂说已经能利用丹田把人打出一丈之外，小腹坚硬如石，认为已经得到内家拳的精髓了。宋世荣却不认可，说："呼吸有内外之分，拳术无内外之别，善养气者即内家，不善养气者即外家。故善养浩然正气一语，实道破内家之奥义。"

孙禄堂

宋世荣一语道破了内外家的区别，善养浩然之气的人才是内家。宋又说道："《中庸》极论'中和'之功用。须知古人所言皆有体用。拳术中亦重中和，亦重仁义。若不明此理，即练至捷如飞鸟，力举千钧，不过匹夫之勇，总不离乎外家！若练至中和，善讲仁义，动作以礼，见义必为，其人虽无百斤之力，即可谓之内家。迨养气功深，贯内外，评有无，至大至刚，直养无害，无处不有，无时不然，卷之放之，用广体微。"

如果学拳不懂中和之道，不讲仁义，纵使有千斤之力，敏捷如飞鸟，也是外家。内家拳则处处讲仁义，善于养气，虽然不一定有大力气，也可称为内家。

杨氏家传太极老谱里的《太极阴阳颠倒解》很明确地指出："夫如人之身心，致知格物于天地之知能，则可言人之良知、良能。若使不失固其有功用，浩然正气直养无害，攸久无疆矣。"就是说必须利用身心做致知格物的功夫，致知就是致良知（觉知），格物就是感受万物，通过感受万物来知道有一种良知的存在，且"若思不是固有"，不把我们这个固有的先天具备的功能遗忘，会产生养育浩然之气的功用，需要直养无害，就能广阔无边，与天地共存。

4. 品读孟子《养气章》

《养气章》的内容全部都是孟子对生命深刻体会的自然流露。如果没有对儒家修养的功夫有深刻体会，只以自己头脑的方式来解读，一定不能读懂它的含义。我们如果通过深层静定的练习，会对文章的内容更加了解。我们选取了最重要的一段来品读一下。

《孟子·养气章》原文：

公孙丑问曰："夫子加齐之卿相，得行道焉，虽由此霸王，不异矣。如此则动心否乎？"

孟子曰："否！我四十不动心。"

曰："若是，则夫子过孟贲远矣。"

曰："是不难。告子先我不动心。"

曰:"不动心有道乎?"

曰:"有。北宫黝之养勇也,不肤挠,不目逃。思以一毫挫于人,若挞之于市朝,不受于褐宽博,亦不受于万乘之君;视刺万乘之君,若刺褐夫。无严诸侯;恶声至,必反之。孟施舍之所养勇也,曰:'视不胜犹胜也。量敌而后进,虑胜而后会,是畏三军者也。舍岂能为必胜哉?能无惧而已矣。'孟施舍似曾子,北宫黝似子夏。夫二子之勇,未知其孰贤,然而孟施舍守约也。昔者曾子谓子襄曰:'子好勇乎?吾尝闻大勇于夫子矣:自反而不缩,虽褐宽博,吾不惴焉;自反而缩,虽千万人吾往矣。'孟施舍之守气,又不如曾子之守约也。"

曰:"敢问夫子之不动心与告子之不动心,可得闻与?"

"告子曰:'不得于言,勿求于心;不得于心,勿求于气。'不得于心,勿求于气,可;不得于言,勿求于心,不可。夫志,气之帅也;气,体之充也。夫志至焉,气次焉。故曰:持其志,无暴其气。"

"既曰'志至焉,气次焉',又曰'持其志,无暴其气'者,何也?"

曰:"志壹则动气;气壹则动志也。今夫蹶者趋者,是气也,而反动其心。"

"敢问夫子恶乎长?"

曰:"我知言,我善养吾浩然之气。"

"敢问何谓浩然之气?"

曰:"难言也。其为气也,至大至刚,以直养而无害,则塞于天地之间。其为气也配义与道,无是馁也。是集义所生者,非义袭而取之也。行有不慊于心则馁矣。我故曰:告子未尝知义。以其外之也。必有事焉而勿正,心勿忘,勿助长也。无若宋人然。宋人有闵其苗之不长而揠之者,芒芒然归,谓其人曰:'今日病矣,予助苗长矣。'其子趋而往视之,苗则槁矣。天下之不助苗长者寡矣。以为无益而舍之者，不耘苗者也；助之长者，揠苗者也，非徒无益，而又害之。"

公孙丑是孟子的学生，也是齐国的官员。孟子一直在游说诸侯，去了很多国家，例如，齐国和鲁国，讲出他自己的政治主张，想让君王听取他政治方面的观念，帮助他们治理国家。以下是他们的对话：

公孙丑问曰："夫子加齐之卿相，得行道焉，虽由此霸王，不异矣。如此则动心否乎？"

公孙丑对孟子说："如果齐国把你封为一国的宰相，一人之下万人之上，那你会怎么做？一步一步把齐国带领到霸主地位，统领六国，你的心还会不动吗？"

这里很重要的一点就是你的心会不会动，心还会不会被干扰？如果陷入字面意思，我们或许会解释为，你的思想会不会被干扰。没有研究不动心的"心"是什么。心的功能就是感知，感知万物的一切。"心"不在内，也不在外，无所不在，所以你能感知到所有的事物。心在感知中会获得什么样的体验呢？很奇妙的一点就是，我们自然会知道自己该做什么，自然知道什么是合理的状态。比如我自己，很早就知道自己要干什么，到现在都没有动摇过，我就是要当一个武术老师。可是我不想当一个只教拳脚去防身的武术老师，我要通过武术把传统文化里的智慧传播出去。

在我十几岁学拳的时候，是个比较缺乏自信的孩子，但武术帮助我一步一步建立勇气和信心。记得有一次武术老师在教拳的时候，他讲的虽然是拳理，但在无形中影响到我的人生道路，而且这一种影响是积极向上的。武术的哲学也是人生的哲学，这些观念灌输给你，对你的人生是非常有帮助的。

小时候，每个人都会有对未来的憧憬和想法，也会有一些事业方面和感情方面的障碍。武术老师讲这些拳理的时候，我突然都通了。原来武术不只是对我们防身有帮助，对我们的人生也会有帮助。那时候我决定要成为像我老师那样的好老师，把这些好的东西传播下去。

回想当年学武时，每次训练之前都会有十五分钟的跪坐。不讲任何理论，只是安静地坐，练了好几年。

后来自己开始对传统文化里儒释道的书感兴趣，阅读后知道了静坐很重要。那时候开始在家里每天静坐。自己对未来坚定的信念是从静定来的。恰好和诸葛亮写给儿子的信中内容相合。

诸葛亮在《诫子书》里面写道："夫君子之行，静以修身，俭以养德。非淡泊无以明志，非宁静无以致远。"当我们内心安静下来了，自然会知道自己的志向在哪里，不是别人赋予的。像现代社会，很多人会让孩子去学很多东西，音乐、体育、奥数等。要学的实在太多了，导致孩子有烦躁情绪，根本静不下来。孩子学了很多的知识和技能，最后被所学的东西冲昏了头脑，不知道什么是该做的，找不到方向，对成长绝对是一个障碍。

还有大部分人的价值观是被时代被社会赋予的。父母认为金融或科技行业很好，就想让自己的子女进入这个行业。导致最后很多人就从事了自己不想从事的行业。如果能安静下来，学会和心连接，就能做出遵从自己内心意愿的选择。也许他是想成为音乐家或画家的，但由于被过度影响，反而妨碍了自己的选择。

诸葛亮讲的这句话希望能够让小朋友得到更好的关于动和静的教育，不只是知识的学习而已，还要让他们适当地静下来，这样他们才会慢慢知道自己要做什么。父母的学习也很重要，学习是一个父母和孩子同步进行的过程。

前面说到心自然有感知的功能，自然会知道对他个人而言什么是正确的。孟子说他真的做到心不被外界干扰是四十岁的时候。但他学得很早，真正做到功夫的纯熟是四十岁，这和孔子是非常像的。孔子说："吾十有五而志于学，三十而立，四十而不惑，五十而知天命，六十而耳顺，七十而从心所欲，不逾矩。"如果没有对修养功夫的体会，就会认为"十有五而志于学"是十五岁学了很多的知识。其实"志于学"是指传统文化的中道，传统文化是有一个道统下来的，这个道统是从中道开始的。

孔子在十五岁就立志要学这个，要通过修养成为一个明白中道的人。一直到三十岁的时候，就立定以后的志向；再通过十年的练习，到四十岁的时候对中道已经没有疑惑了；然后到了五十岁就知道上天赋予他的天命是什么，也知道世间万法的运作规律；到了六十岁对世间的运作方式已经了然于心了，很自然而然地达到非常顺和通达的状态；到了七十岁就十分自在了。这是儒家一层一层的修炼方法。孟子讲到他四十岁不动心和孔子讲的四十不惑非常像。

王阳明也是一辈子练习不动心。王阳明不仅仅是一个学者,也当过朝廷命官,曾经平定过朱宸濠的叛乱。有人问王阳明,怎样平定叛乱?问他:"用兵有术否?"学过什么兵书和兵法吗?王阳明说:"用兵何术,但学问纯笃,养得此心不动,乃术尔。"用兵没有什么方法,唯独把学问学好,心练到不动,就不会被外面的事物干扰。一个没有养气功夫的人,对周围人的意见都相信,最后没有自己的主张,那怎么去打仗呢?

做到养气以后,他们就知道该做什么不该做什么。它不是术,而是一种智慧,心自然会知道。"凡人智能相去不甚远,胜负之决不待卜诸临阵,只在此心动与不动之间。"最后胜负不是讲究排兵布阵,而在于心动不动而已。

孟子对后世的贡献是非常大的,王阳明提出致良知与不动心,也是承接了孟子的学问。

孟子曰:"否!我四十不动心。"
孟子说:"哪怕我成为齐国的宰相,心也不会被干扰,因为我四十岁的时候已经做到不动心了。"

曰:"若是,则夫子过孟贲远矣。"
公孙丑说:"如果是这样的话,您比以前的孟贲更加厉害。孟贲是以前的一个勇士。"

曰:"是不难。告子先我不动心。"

孟子说："这还不算很难的。我的学生告子，比我更早做到不动心。"告子可能天赋异禀，他以前是学术界的名人，先学墨家再学儒家，两者皆通达，同样讲究个人的修养。

曰："不动心有道乎？"
公孙丑是非常好学的学生，还在追问："不动心有方法训练或有迹可循吗？"

曰："有。北宫黝之养勇也，不肤挠，不目逃。"
孟子说："有，北宫黝、孟施舍和曾子（曾子是孔子的学生，《大学》的作者）这三个人都有一些接近不动心的道理。"
不动心从某种程度上来说，也是一种勇气。这种勇气不是莽夫那种勇，而是勇于面对、承担和突破的力量。

王阳明说："破山中贼易，破心中贼难。"去打败敌人、平定山中的叛乱，这对他来说相对简单，但突破自己内心重重的障碍很困难。这种力量我们称之为勇。

北宫黝有一种养勇的方法，当一个人拿一根针，戳到他的皮肤上面，他都不会动一下。心是不动的，但心知不知道痛，当然知道痛。

古代关公有刮骨疗伤的故事，他也知道痛，不是麻木的。关公的勇是毫无疑问的，虽然有痛，但他心不动，还能下棋。

我记得以前在书中读过一个故事。曾经有一位高僧修定力修得非常好，有一次牙疼去看牙医，牙医就把蛀牙拔掉了，拔完后牙医才发现居然忘记在拔牙前打麻药了。这位高僧也许在山洞里闭关很久，对世俗不太懂，不知道拔牙的流程是怎么样的。医生问高僧，刚才给你拔牙的时候难道不痛吗？高僧说当然痛，但不敢动，配合你。这是高僧修到心不动了。

北宫黝可能是从小就有这样的训练，如果有人在他眼前晃动一下手指，甚至用利器尝试戳他眼睛，他是一点都不会逃避的，也不会在对方打过来时眨眼。

这是我们练武术的人要训练的，怎样做到对方攻击过来不逃避或闪躲，而是迎上去感受。

如果对方一打过来，我就退缩和逃避，勇气随之而丧失，从胆气上就输了。实际上要迎难而上，不用害怕。整个过程是灵动的，随时能变化，不像莽夫或愣头青那样一根筋。

思以一毫挫于人，若挞之于市朝。
如果有人要伤北宫黝一根毫发，他会跟对方斗到底。无论是在市集里面，还是在宫廷里面，如果受屈辱，都是不饶人的，他就是这样的性格。

不受于褐宽博，亦不受于万乘之君。视刺万乘之君，若刺褐夫。
褐宽博就是指平民百姓，以前那个时代，褐色宽大的衣服是平民百姓才会穿的。万乘之君就是拥有一万辆马车的君王，是大国君王。

所以，无论是面对一个平民百姓还是一个君王，他都没有屈服过，都勇于去面对。如果需要他去刺杀一个君王的话，对他来说就像刺杀一个平民百姓一样。

无严诸侯。恶声至，必反之。
乃至从上而下，从君王到官员对北宫黝若有任何污蔑的言辞，北宫黝也不会饶过他们的。孟子说，北宫黝这种勇也是某一种勇的表现，但这种勇并不高明，可作为一个参考。

孟施舍之所养勇也，曰："视不胜犹胜也。量敌而后进，虑胜而后会，是畏三军者也。舍岂能为必胜哉？能无惧而已矣。"
打仗中胜败乃兵家常事。虽然打仗输了，但他心理上觉得还是胜了，因为他觉得又获得了一个经验。比如，我方有一万人，对方有五万人，如果认为五万人比一万人多，打不过，这是一个畏惧的表现，从心理上已经输了。

对胜利的得失心太重，也会影响勇气的发挥。三国时期，司马懿和诸葛亮的对决，诸葛亮这么厉害的人，他都不会每场仗都打赢，但他不畏惧。蜀国兵力不及魏国，但诸葛亮照样打，当然有其方式方法。孟施舍就是这样的人，他觉得胜败他不在乎，该打的时候就应该打。

这里讲的三军不是海、陆、空三军，以前的三军是指左、中、右路三军。不是求胜而是求无惧，他当将军练习自己的心性，不畏惧。

孟施舍似曾子，北宫黝似子夏。

外在的刺激已经影响不到北宫黝了，孟施舍是求内心的平衡。孟施舍类似曾子的气质，因为曾子有一点大智若愚，对胜败不在乎，打仗的时候却很用心，但他内心里不畏惧的。

北宫黝像子夏，比较冲动和鲁莽，但也有他的功夫在。刺杀君王的时候能够像刺杀一个平民百姓吗？凡人做不到的，但他做到了。

夫二子之勇，未知其孰贤，然而孟施舍守约也。

公孙丑问孟子："这两个人你觉得哪个更高明些呢？"孟子说孟施舍更高明些，更向内求。守约指更加简单，更加往内，不向外求。

昔者曾子谓子襄曰："子好勇乎？吾尝闻大勇于夫子矣，自反而不缩，虽褐宽博，吾不惴焉；自反而缩，虽千万人吾往矣。"

曾子是孔子的学生，也是孟子的前辈。曾子有一次和学生子襄说："你想知道如何养勇吗？"他又说："我曾经有幸听孔子讲养勇这方面的道理。""缩"在古代是直的意思，勇往直前。

如果你经过反思，觉得理不直气不壮的话，即便面对的是一个平民百姓，心里面也会忐忑不安。但反思以后如果我是理直气壮的，即使有千万人反对，我都要坚持去做，孔子说这就是勇气。

就像你对孩子讲一个道理，自己都做不到，心里能安吗？譬如，跟孩子说不要喝冰饮料，不要打游戏，但自己却经常在孩子面前喝冰饮料、打游戏。心本来就有良知在，它自然知道什么是正确的，什么是不正确的。

有则南怀瑾老师的真实故事。在 20 世纪六七十年代的中国台湾，南老师想要成立一个沟通东西方文化的协会，在那时候是史无前例的，受到了官方和社会多方面的压力。甚至开会的时候南老师的老朋友和学生们也持反对意见，认为不合时宜。南老师引用了一句刘备的话"芳兰生门，锄之可也"，表示大家的担忧我知道了，但我有我的主张。最后在大家的努力下协会办得非常成功，南老师大部分著作和重要讲学都出自那个时期。

南老师就是有这种魄力和勇气在的。他为什么坚持要做这个事情，就是为了传统文化的传承。

当今的很多年轻人已经缺乏了这种阳刚之气，少了担当。南老师二十多岁的时候，正值日本侵华时期，他就准备去当兵，投笔从戎。但当兵对身高是有要求的，南老师报名的时候因为身高没达标被拒绝了。南老师一拍桌子怒了："我少一公分有什么关系，你不给我当兵，我可以教你们！"说完摆开架势，打了一套拳，把考官和周围人都给镇住了。后来，南老师还真当了中央军校的武术教官。

养浩然之气，养勇的精神，如果每个人都能够学到，是很好的事情，是成功的关键。浩然之气是修养中最宝贵的，人人都能去学会养气。这种力量能让我们走出舒适区，突破自我，事情就能柳暗花明，更上一层楼。破心中之贼，没有这个力量怎么去破它呢？

孟施舍之守气，又不如曾子之守约也。

孟施舍已经能够达到心中那种平衡了，守住这股气，不会被胜负干扰，但还不如曾子高明。孟子讲了三个人，其中，我们最应该学习的是曾子。

曰："敢问夫子之不动心与告子之不动心，可得闻与？"

公孙丑问："告子比你先不动心，那你们之间有什么区别吗？"

告子曰："不得于言，勿求于心；不得于心，勿求于气。"

告子说："不符合道理的，心里就不要再求了，不必硬要说服自己这是有道理的；心里没有踏实感，也不要去养气了。"

不得于心，勿求于气，可；不得于言，勿求于心，不可。

孟子评价告子的两句话，后面的一句，心不安的话，浩然之气是养不出来的，这句话是对的。前面的一句话，意思是不符合道理的，就不要在心里求，这句就不对了。因为人会容易被之前所学习到的概念和经验所困，最后应该用功夫在心上求，再反过来探究道理，而不是先入为主，否定道理。

夫志，气之帅也；气，体之充也。夫志至焉，气次焉。故曰：持其志，无暴其气。

志是气的统领，所以说人要有志气，这个说法是从这里来的。我要有志于成为一个什么样的人，自然就有气（能量）辅助你往那个方向走。气是一种生命力，这股生命力的来源充满你整个宇宙和空间。这个"体"不是指身体，而是指道体，道体即人和宇宙的一体性。

孟子提到"养吾浩然之气，充塞于天地之间"，气充满内外整个空间，能使气起作用的就是我们的志。意志有了，气也就跟上了。要守持这个志，不要让过度的欲望和思想把它耗散。志和气是一体的两面，也就是心气。志代表心的一种力量，志和气是相辅相成的。我们在现代生活中有时候也会听到一些人说，如果发心是善意的，也会得到宇宙同样的回应，无形中得到各种力量的帮助。

在武术中当我们出击时，神意气三者统一发动进攻，气自然会到。练拳练的是形神的统一、意气的统一。在武术里提到内三合，"心与意合，意与气合，气与力合"，可以作为参考。

王阳明说知行合一，知道和行动一定要是合为一体的。很多人是光说不练，行动不一致。道理都知道，但是落实不了。无暴其气就是要随时带着觉知，也不要太用力导致过度消耗，要善于护养。

"既曰'志至焉，气次焉'，又曰'持其志，无暴其气'者，何也？"
"刚才提到关于志和气之间的关系，还有不要暴其气，能否讲解得更深入呢？"

曰："志壹则动气；气壹则动志也。"
在各类解读这篇文章的书籍里面，把"志壹"解释为要意志专一。壹不是指专一的意思，而是指要守住志。比如定了目标，志有了，要守住初心不要忘记。只要不忘记它，后续的能量就源源不断。否则初心不坚定，能量也不稳定，最后一事无成。

能够守住志，能量就会源源不断来为你服务了。把气守住了，意志会更稳定，所需要到达之处也会到达，因为志和气彼此是相辅相成的。借用佛家的话："初发心，即成正等正觉。"

今夫蹶者趋者，是气也；而反动其心。
守不住志气的人会怎么样呢？比如，蹶者和趋者，蹶者就是走路时忽然间踏空的人，趋者就是走路走得很快的人。他们虽然也好像一鼓作气，但因为不小心和太快导致失去对整体的认识和体会，最后得不偿失或没有办法达到目标。

"敢问夫子恶乎长？"

公孙丑对孟子说，关于北宫黝、孟施舍、曾子、告子心性和养气方面的见解都提过了。"敢问先生您的见解有什么不一样吗？"

曰："我知言，我善养吾浩然之气。"

孟子说："我把真实的功夫告诉你。我善养浩然之气！"孟子之前提到养勇，现在提出更进一步的功夫，养浩然之气。浩然之气是一种坦荡和天地同体的真实力量。

"敢问何谓浩然之气？"

公孙丑不能理解，突然多了一个新的名词"浩然之气"。"什么是浩然之气？能不能解释一下？"

曰："难言也。其为气也，至大至刚，以直养而无害，则塞于天地之间。"

孟子说，这很难用言语或逻辑去解释，因为这是自身的一种功夫，超越概念和经验。假如你从来没有吃过糖，我吃过，我怎么向你解释糖的味道呢？如果我解释糖就是甜的，你会问什么是甜。从来没有吃过糖就不知道什么是甜。我只能解释说，吃完糖以后会有很开心的感觉，口水会增加，等等。但解释了那么多最后还是不明白，直到吃过糖之后才真正明白。

孟子说："浩然之气太难用言语表达了，但勉强解释吧。它是一种能量，非常浩瀚巨大与刚强，充满整个宇宙。这种力量需要去培养而不要去损伤它。"

其为气也配义与道，无是馁也。

养浩然之气，要知道它的义理或道理在哪里。它的义理和道理是配天道的，天道是宇宙的源头和规律。《道德经》形容天地的德行，对万物是一视同仁的。

天道一定是包容的，开放且整体，这样才能够养得到浩然之气。否则执念太强，贪欲或嗔心很重，根本不合天道，气是养不起来的。

是集义所生者，非义袭而取之也。

当我们把天地之道的义理慢慢学会和体会到了，浩然之气就是从这里产生出来的能量。如果一切违背这个道理，违背天道天德，就不可能把浩然之气培育起来。

古代理学家和心学家说，去人欲存天理，去得一分人欲，便得一分天理。只要你每天做这个功夫，慢慢去掉自私自利的心态，就会一点点修正过来，就和天地之气更契合，否则会越离越远。这是一场修行之旅！

行有不慊于心则馁矣。

如果在行为上和心理状态是不匹配的，知行不合一，是不行的。这种过程要靠自己去感悟。

孔子和孟子的功夫比我们高太多了，我们也是朝这个正确的方向每天在践行。原文的含义是需要大家自己去体会的。经典要经常阅读，每次看都会有不同的体会。

我故曰："告子未尝知义。以其外之也。"
告子比孟子提前知道和做到不动心，但孟子认为告子对于义理没有通达，还是心外求法。养气是一种心地功夫，需要向内求，修心为上。如果见解不对和见地不真的话，会出问题，不能究竟。

必有事焉而勿正
孟子继续说，当我们修养浩气的时候，要心里不忘记，最少一直存在一种渴望，渴望了解人生和宇宙的真理。

孟子在《尽心下》里说道："可欲之谓善，有诸己之谓信。"解释修养的初步要有渴望，心里必有事焉，慢慢就会成为自然的事情，就是"可欲之谓善"。通过一段时间的体会和练习慢慢摸索入门了，感觉修养给你带来的好处，就开始有信心了，因为功夫到了身上，得到验证，所谓"有诸己之谓信"。

一旦入门，一日千里。每天做功夫，一点不吃力，很愉快，就像每天吃饭睡觉一样，变成一个很自然的行为了。不想功夫进步都不行，因为已经在这个状态里面了。到时候不是我们去找功夫，功夫自然会找我们。

练武术的人特别注重功夫，每天都会想怎么进步一点。有渴望还要有实际的行动，要把它放在心里，但不要过度用力，整个过程应该是愉悦的。勿正的意思，是说不要有一个预判，急功近利，期望太快见效果。

只问耕耘，功到自然成，这是一个很自然的过程。万一用力过猛，反而适得其反，容易走偏。其实功不唐捐，貌似今天没有什么进步，但持续每天坚持去做，会发现虽然开始很慢，但整体是往上的。

心勿忘，勿助长也。无若宋人然。
不要忘记它，也不要太快地助长。不要像以前宋国的一个人，欲拔苗助长。

宋人有闵其苗之不长而揠之者，芒芒然归，谓其人曰："今日病矣，予助苗长矣。"其子趋而往视之，苗则槁矣。
宋国有一个人见到自己田地里的苗始终长不起来，他就故意把苗拔高一点。就像看到最近功夫没有太大长进，就特别躁动和用力，这样的话不一定是好事。

功夫的进步像锯木头一样，要把木头锯断不可能很快。锯到某一个点，木头突然之间就断了，急不得，欲速则不达。宋人把所有苗拔高后就回家和别人说："我今天好累，因为我看不到苗长高，我就故意把苗拔高一点。"亲人听完后立即跑去看，结果所有禾苗都枯萎掉了。

天下之不助苗长者寡矣。
世间的人们虽懂这个道理，但不这样做事情的人太少了。比如说，现在对小朋友的教育方法，很多时候都是拔苗助长。一句"不要让孩子输在起跑线上"使多少小朋友受尽痛苦。

小朋友的成长，是很自然的状态，就像禾苗正常生长的状态，有自己的速度和规律。比如，几岁开始就让他学数学、英语和编程等课程，报很多班，本来今后要学的知识都提前学了。提前开发他的思维和脑力，就等于提前耗掉他整个精气神，对小朋友今后的身心成长会造成很大影响，就是拔苗助长。

通过这个例子可以联想到我们的很多行为都在求快。社会的速度要快，做企业也是要快，希望两三年就能把公司卖掉或上市圈钱，从总体长远来说，对于整个社会和经济非常不健康。

以为无益而舍之者，不耘苗者也。
有一些被观念限制和自以为是的人，认为没有修养这回事，放弃去了解和学习。没有这个缘分了，好像不拔草和耕耘就能养苗一样。

助之长者，揠苗者也，非徒无益，而又害之。
硬要帮助功夫成长，就像那位宋人一样，不但没有好处，反受其害。

《养气章》从最开始的如何养气，到怎么做到不动心，不动心以后行为和言辞就慢慢不一样了，可以改变人的气质。养浩然之气和天地合为一体，孔子就是这样的功夫。我们可以像孔子这样有德行，解决人世间的各类问题。

二、太极拳的圭臬

为了更进一步明白太极文化，我们在这本书中通过太极拳来探讨。

我相信，如果能明白个中道理，对人生的方方面面也相当有启发性，比如，把太极文化用在中医、书法、古琴，甚至企业管理和金融当中。太极拳可谓是在太极文化中最具有代表性的，现在全世界有相当多的人在练习此拳术。的确，练习此拳术能让身心快速获益，收获太极文化的实用性。

太极拳集传统文化之大成，把儒道的核心理论都融合其中。学习太极拳不只是能让人感受到这一种太极文化，更能出"功夫"。"功夫"是通过时间和精力的投入练习后，能把太极状态深入到骨髓里，融入到意识当中，自然而然地起作用。

这都要归功于太极拳的创始人张三丰祖师。张三丰祖师出生于大约1246年，非常长寿。他很年轻时就精于武术，后又对宇宙的规律和人生的真理有兴趣，所以不断地在这些领域上探索。当时的人除了通过术数、天文和炼金术等方法进行研究之外，还会通过自身的修炼去摸索，包括张三丰。此外，他还去到一些名山大川，拜访那些德高望重的修行人。最后，张三丰得到了他师父"火龙真人"的传授，修行最终得以悟道。

张三丰有武术的背景，他认为所有不同的方法都可以是法门，武术也是法门之一，所以把道家修炼的道理和方法，如无极、太极和清静无为等道理融入武术之中，最后成为修行的法门。他这么做的目的有三个：

第一，帮助人在精神层面进行自我提升，继而修行悟道；

第二，让所有人都能有一套非常好的健身功法；

第三，具备能够搏击防卫的实战功能。

王宗岳《太极拳论》

张三丰祖师创拳后大概经历了两三代人（中间无明确的历史文献记载，是根据时间来推测），传到民间的一位拳师王宗岳手上。他既是一位商人也是一位武术家。学成后，王宗岳写了一篇非常著名的太极拳文章，叫《太极拳论》。文中用简短精辟的论述，将太极拳的道理阐述得淋漓尽致。这篇文章已成为太极拳的准绳，我们练的是不是真正的太极拳，就看是否符合其中的道理。

1. 太极拳的圭臬《太极拳论》

《太极拳论》可以说是目前唯一一篇衡量太极拳对与错的准则，练的是不是太极拳，就看练的方法符不符合这篇文章里的拳理。如果是违背的，那肯定就不是了。

这篇文章是王宗岳所写，但王宗岳不是太极拳的创始人，张三丰才是太极拳的创始人。但是，张三丰并没有一篇这么精要的太极拳文章流传下来。据考据，王宗岳其实是山西的一名商人，一边经商，一边练拳，具有很深厚的文化背景，他的太极拳功夫当然也是非常深厚。

什么是太极拳？太极拳，严格来说它不是一个门派，而是一种由太极哲学指导下练的拳术。为什么这样说呢？因为当一个人拥有在搏击中最合理状态的时候，打出来的拳就可以称为太极拳。他练的可以是西方的搏击术，甚至剑击、泰拳、跆拳道、空手道、少林拳都没有关系，只要他练的时候是符合这个道理的，就是太极拳。这样就可以让我们从狭隘的门派观念跳脱出来。我的太极拳老师任刚师父常说，拳王阿里经常在无意中进入了太极状态。拳王阿里在巅峰期时，身体极其放松，空间感特别强，也经常能把对方的力量化开，完全和太极拳的道理相吻合。

其实，我们也可以不用"太极"这个词来形容，不同民族文化和时代可以有自己的用词及解释，千万不要困在文字里。世间万物都有一个合理性存在，如果能把握此合理性，按照规律来运作，都能发挥极大的作用。反之，不但无用，更为糟糕的是起反效果。

为什么在某一个领域里面，你会比别人做得好，因为你的状态肯定是比别人合理。合理才会好，打拳如此，其他也是如此。

这篇文章是探讨一种合理性，论述如何通过正确的方法达到太极状态。

2. 王宗岳《太极拳论》

太极者，无极而生，阴阳之母也。动之则分，静之则合。无过不及，随曲就伸。人刚我柔谓之走，我顺人背谓之粘。动急则急应，动缓则缓随。虽变化万端，而理唯一贯。由着熟而渐悟懂劲，由懂劲而阶及神明。然非用力之久，不能豁然贯通焉。虚领顶劲，气沉丹田。不偏不倚，忽隐忽现。左重则左虚，右重则右杳。仰之则弥高，俯之则弥深，进之则愈长，退之则愈促。一羽不能加，蝇虫不能落，人不知我，我独知人。英雄所向无敌，盖皆由此而及也。

斯技旁门甚多，虽势有区别，概不外乎壮欺弱，慢让快耳。有力打无力，手慢让手快，皆是先天自然之能，非关学力而有为也。察四两拨千斤之句，显非力胜；观耄耋能御众之形，快何能为。立如秤准，活似车轮。偏沉则随，双重则滞。每见数年纯功，不能运化者，率皆自为人制，双重之病未悟耳。欲避此病，须知阴阳。粘即是走，走即是粘。阴不离阳，阳不离阴。阴阳相济，方为懂劲。懂劲后，愈练愈精，默识揣摩，渐至从心所欲。本是舍己从人，多误舍近求远。所谓差之毫厘，谬之千里，学者不可不详辨焉。

第一句，"太极者，无极而生，阴阳之母也"。太极，也就是阴阳，是从无极化生出来的。没有无极就没有太极，它们是一对母子般的关系。这里开宗明义，阐述了太极拳的哲学观。在中国武术里有一点很特别，就是以哲理指导拳术，最后应用于练习与实战中。这样就不会盲修瞎练，到老一场空。

无极是一切的源头。无极属于我们本有先天觉知的状态。如果把先天用图

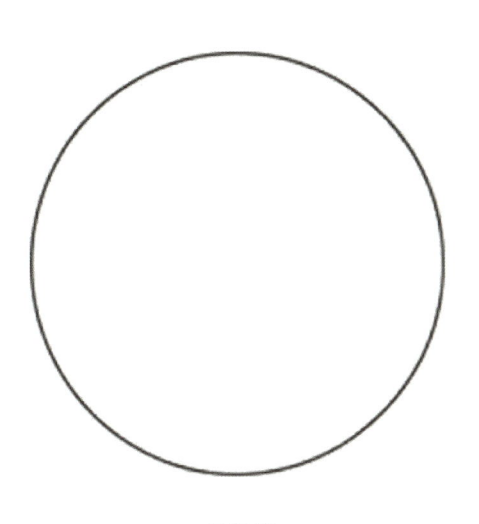

无极图

形来表达的话，就是一个圆，里面是空洞的，还没有分开黑白两边，二元未判，代表万物的一体性。所以说，能回到先天就能回到觉知上。

其实，我们认为凡事有对立，不能成为一体，无非是因为我们后天思想的参与，才有对立产生。如果能放下思想的话，是没有任何对立可言的。要明白这一点，才能真正进入先天觉知。觉知非常重要，也是心本有的作用。因为它能通万物，自然知道什么是合理或不合理。就像明朝心学大家王阳明形容的，良知（觉知）如明镜和秤，是能知道和抉择的。

正如杨家的老拳谱里强调："盖人降生之初，目能视，耳能听，鼻能闻，口能食。颜色、声音、香臭五味，皆天然知觉固有之良；其手舞足蹈于四肢之能，皆天然运动之良。思及此，是人孰无？因人性近习远，失迷固有。要想还我固有，非乃武无以寻运动之根由，非乃文无以得知觉之本原，是乃运动而知觉也。"

这一段文字是太极拳的精要所在，当中说明非通文武和动静的练习不能回归到先天的觉知。我们把这一种本有的能力迷失掉，"性近习远"，完全是因为后天意识的习惯。

所以，拳论先说要通过拳术练这一种厉害且合理的搏击方法，我们先要放下头脑，进入一个先天的状态里面。先天中我们能觉知到人、我、天地就是一体的，这样，太极拳之门将会打开。

明白无极，才能探索到太极的原理。上面提到，太极即阴阳。张三丰祖师用了阴阳这一种分类的方法，因为所有事物无非是阴和阳的运作，才能生出万物，比如，天地、明暗、日月、寒热，当然也可以用在空和有。一切在平衡中，才能有效地运作。此平衡一旦被打破，偏多或偏少，偏了就会出问题，所以太极也代表一种合理性。

太极图

在太极拳里,阴阳主要用于表示空和有的关系。在太极图里,黑代表阴,它的形状像一条鱼,可以称为黑鱼,也代表有的部分。在太极拳里面身体称为有的部分。另外,白的部分也像鱼,属阳,代表空,就是身体以外的空间。因为我们对自身的执着,常常只能感受到身体而已,对空间相对陌生。所以一定要打破对身体的抓取或执着。怎么打破?就是黑鱼里面的白点,感知到有身体的地方,一定要松和空,松到极致即是空。因为松是达到空灵的一个前奏,也可以说是一个前期的训练。当松得干干净净,自然会感觉到身体是完全能够空

开的。没有身体这部分的执着以后，就不会受到局限，才有机会觉知到空间的存在。否则一个人坚守着有形的身体，如以往前辈说"身见比较重"，或现在人说"卡在小我里面"，就永远不知道外面所有的存在，所以第一点就是要做"松"的功夫。

松，是松开的意思，就如同把紧握的拳头松开，而不是变得懈怠或软塌。当把紧的地方松开后，细心逐步去体会，经过一个过程后，最终能松到干干净净，自然会体会到空灵感。体会到空灵，就做到太极的合理状态里面的一半。有的地方是空灵的，黑鱼里面的白点，这个白点就代表我们的意识状态。

另外一个部分，因为要获得平衡，一定还要觉知到外面的空间。白鱼就代表这个空间。白鱼里面有个黑点，也代表意识状态，就是一定要觉知到这个空间真实的存在。我们体会到这个状态的前提是无极，如果觉知不到空间是有的，是因为有思想参与，落在后天的二元分别里面，这说明还没有能够真正地静下来去体会。等到静下来，自然觉知到身体外面的空间的存在，而不落在猜测和幻想中。这个时候，有空间的地方必然也有能量在，就是气。传统文化认为心气是一元的，心在的地方，就有气。

当有能力体会到这个空间与气以后，就开始真的达到一个平衡了，与此同时，也能与其相应，紧密联系，形成一体，古代称作天人合一。杨家老拳谱里面说，"若知天人同体之理，便得日月流行之气"。意思是，如果我们知道天人是一体的，懂得无极，自然便得到日月流动的能量。

文天祥也曾经在《正气歌》里写道："天地有正气，杂然赋流行，下则为河岳，上则为日星。"天地中存在着一股中正浩大的能量，这一种能量有很多表现的形式，在上空的话，这一股能量可以运行星星、月亮、太阳；在地上则可以带动整个山河大地的运动。所以一定要把自身的执着放下，你才能感知到天地。

下一句，"动之则分，静之则合"。当双方对敌时这一刹那，在静态之中，没有任何动作，无思无虑，完全在感知对方，合为一体，浑然一气。一旦任何一方要有所举动，进入一个搏击的状态，阴阳立马就要分出来了。在这一体性中，按照前面对太极状态的描述，身体要完全虚开，外面的空间要有。

而且在动态中，要做到"无过不及，随曲就伸"。这里讲到的无过不及，它不是一个理论，是一种实际的功夫。让自己无论是在神和气方面始终处于一个比较圆满的状态。当我在动态当中，不管是用拳也好，腿法也好，甚至摔法、擒拿，都要做到在太极的状态里面不会太过和不及。太过的话，如手脚伸展太长，离开了能控制的范围，失去平衡，气也就不均匀了，导致有一部分多，有一部分少。如果是不及，整个身体或某一个部位出现退缩凹陷，就代表瘪掉，所谓丢了，也是不圆满的，气也不均匀。过就是顶，不及就是丢。练到最后，无论在搏击当中是快还是慢，动作是如何的，身体每一个部位都是能够做到没有无过和不及，恰当好处，不偏不倚。

"随曲就伸"就是泻实补虚的道理，运用于两人搏击时。这里面有两种情况：① 随曲就是泻实，从对方过来的进攻压力要通过调整身体和气机化开；② 就伸，当发现对方有气不足或瘪掉的地方，我的身体或气机要补进去。敌我始终处于一体的圆满里。

"人刚我柔谓之走，我顺人背谓之粘"，别人是刚猛的，我必须做到用非常柔的方法处理，把力量化开，像水一样柔和，拳论把这个过程称作"走"。柔其实是一种力量的表达，柔永远比刚要厉害，以柔克刚，柔弱胜刚强。很多人不知道柔和的力量比刚猛的力量还要厉害，像水翻起波浪或海啸，这个力量要比任何实体的东西都大，能推翻一切。

我是柔的，才能做到"我顺人背谓之粘"。什么叫粘？粘在拳论里不是粘在身体上面的意思，是随时都能占上风，我是顺的，别人永远是背的。别人不管怎么动，都是不顺的，北方话叫不得劲儿。但我怎么动都是顺的。要对无极和太极的状态领悟非常深刻和熟练，才能做到这一点。

当明白这样一个状态以后，"动急则急应，动缓则缓随"。搏击当中不管在快慢时，都能跟得上节奏。所以在太极拳的各种练习当中，它只是从慢入手锻炼而已，因为慢比较容易去感受身心内外的变化，当熟练以后就可以快了。

"虽变化万端而理唯一贯"，在动态中摸到太极状态以后，虽然在搏击中有着千千万万种变化，但应对的原理始终是不变的，一以贯之，万变不离其宗。

能够知道阴阳的变化，就能够随变化而变化，最后由"着熟而渐悟懂劲，由懂劲而阶及神明"。着熟是对之前讲的这个太极状态，通过锻炼，对它越来越深刻，这个就叫着熟。很多人却错误理解为着熟是熟练拳架招式。如果不知道这个太极状态，即使每天长时间练习，也出不了功夫。

我自己对练太极拳有一个总结，练功无非是把所练的状态进行深刻化，完全改变以往旧有的模式，更换一种新系统。就太极拳而言，因为每个人在先天中都拥有无限的可能性，所以无非是对本自具足的状态深刻化，把整个后天系统转换成先天系统，从后天的思想和反应到先天的觉知和相应，这也叫改变局面。升级后的状态变得更好用和更高明。

着熟后，慢慢通过深刻化，就能够懂劲。拳论后面解释"阴阳相济，方为懂劲"。你对阴阳之间的变化越来越熟了，明白它们相互之间是如何相辅相成的，如何形成一个更大的能力出来，就是懂劲，作用在化解力量和统合力量上。

"由懂劲而阶及神明"，懂得阴阳的变化以后，再也不用通过任何的思虑或造作，自然而然就呈现出来了，称为阶及神明。古人会用"任运"来形容这个时候的状态，毫无造作地任意自在运转。

之前所说，是要明白太极拳到底是一个什么样的拳术，而之后拳论里谈论

太極之道

一些具体的练习方法和一些所要懂得的要领。当通过三步，由着熟、懂劲，到神明之后，"然非用力之久，不能豁然贯通焉"。没有下过一番功夫和时间的投入，这个道理不可能豁然贯通的，对里面的道理还是不会了解。精进用功还是非常必要，光靠自己去想是想不出来的，不能光说不练。

大前提都阐述清晰了，至于具体的训练方法，则为"虚领顶劲，气沉丹田，不偏不倚，忽隐忽现，左重则左虚，右重则右杳"。要形成一个无极和太极拳的状态，首先在身体上面要从虚领顶劲做起，让身体往上提拔的力量显现出来。做到这一点以后，再气沉丹田，这个气就是要能降得下去。而且不只是沉到丹田而已，甚至到双脚下都要有一种沉降的力量。

这无非说明要让人在一种均匀的状态里面，升提和下降都是平衡的。虚领顶劲，头顶上像有一根线把你往上牵引，或者是虚虚地头往上顶。我们讲领，是一种身体的力量，这种力量让人变得轻灵，让人轻灵而不会往下压死，先要做到这一点。

下一个我们要关注的是升提以后气能不能降下来。气降下来不是让我们要坐死坐实，而是感受深层次能量往下沉降，获得一种稳定感。

做到这一点以后，人的气机就顺了。套用道家的话，小周天就通了，把任督二脉这个循环建立起来了。在之后的所有练习里，四肢的气血流动才会通。如果这个小的循环建立不起来，大的循环就通不了。任督属小周天，也就是小循环。十二经脉分布于四肢，是大周天，也就是大循环。所以先要建立前后升降，一个小周天的循环，其他四肢经络也会逐渐随之而通，整个人就会变得极其通透。

练拳和搏击的时候要"不偏不倚"，这是中国人中道的精神，要恰到好处，没有任何在身体或气机上的凹、凸、丢、顶。

前面体会到了虚领顶劲、不偏不倚后，就会发现人在这个状态里是均匀和空灵的，此时念头也特别少。有时候我们发现自己的念头一直很多，不能够静止下来，这跟身体的气机有关系。身体气机是通畅的，人的念头其实就没有那么多。如果身体骨架和气机是歪斜或扭曲的，当然杂念也会多。

所以能做到不偏不倚，就会非常松和均匀，这是全方位平衡的结果。在均匀状态里感觉像水一样，对方根本触碰不到任何实处。对他来说，我就像幽灵般忽隐忽现。像在推手的时候，明明是人在前面，但是对方却碰不到一个实在的东西。做到前面那几点，最后所形成的就是像水或者是空气的状态。

当做到均匀时，也就体会到"左重则左虚，右重则右杳"。有人往我们左边加力，左边一定要虚，把力量转化掉。不能够落于双重，相互形成顶撞斗力。两者都是实的叫双重。右边也是如此，一定要保持前面讲的不偏不倚，过程中"无使有凹凸处，无使有断续处"，既是圆满的又是连续不断地流动，像极了水的特性。

下面说到"仰之则弥高，俯之则弥深，进之则愈长，退之则愈促"，不管对方往上、往下、往前对我进行任何的进攻，我都需要把所有的力量和压力化开，而永远保持频率是一致的。还有一种情况是"退之则愈促"，当对方往后退时，我也要跟上去，永远不能离开感知范围。太极拳前辈形容在搏击时如"瓮中捉鳖"，对方永远逃不出我的范围，但对我来说，如要发起进攻，即如同探囊取物。

这样的灵敏度是从"一羽不能加，蝇虫不能落"的感知力来的。这个比喻的要求很高，哪怕是一根羽毛、一只苍蝇和小昆虫的重量都要化掉。可想而知，这是一种很细腻的感知力。最后，才能做到"人不知我我独知人，英雄所向无敌，盖皆由此而及也"。这里对所向无敌的英雄下了一个定义，因为英雄都是从这个灵敏的感知力去开始的。就是通过灵敏的感知力，明白所有力量的使用，如何把压力化开，会比别人来得高明和高强。到这里，整个太极状态就讲完了。

后面阐述的是和其他搏击体系的比较。原文说："斯技旁门甚多，虽势有区别，概不外壮欺弱，慢让快，有力打无力，手慢让手快。"拳论说搏击这门技艺，有各种不同的门派，比如说南拳北腿，南方人因为身形矮小，喜欢用拳比较多；北方人比较高大，对腿法的体会多一些。只是表现形式有所不同而已，就是"虽势有区别"。

"不外乎壮欺弱，慢让快耳"，不外乎是壮实一点的欺负一个弱小一点的，快永远比慢更胜一筹。"有力打无力，手慢让手快"，有力的人打无力的人，手快的人肯定比手慢的人胜算要高一点。"是皆先天自然之能，非关学力而有为也。"上述提到的凭借骨肉力量的做法都属于自然一般的搏击情况，不需要练也能做到。但是对于太极拳就不一样了。如果真的明白太极状态的话，"察四两拨千斤，显非力胜"。观察到四两也可以赢千斤之力。纵使对方有千斤的力气，也能让他用不上。因为太极拳不会让对方有一个着力点，纵有千斤之力，也能将其化为虚无。对方永远不会碰触到一个实体，这是蛮力所不能及的。

"观耄耋能御众之形，快何能为"，说明一些练太极拳的长者，虽然在老年，仍然可以和不同的人交流切磋。一般情况下，人老了动作肯定没有年轻人灵敏和迅速，但还可以和人比试比试，这显然不是凭借力气大或者快可以做到的，而是用了另外一种方式。哪种方式呢？就是后面讲到的。

"立如秤准，活似车轮。"秤是测定物体重量的工具，而准是测定水平面的工具。所以方法就是像秤准一样，必须随时在动静中保持自身的平衡，不管对方往哪里加力，都可以把这个力量化掉，左边来左边化，右边来右边化。过程灵活得像车轮的旋转一样，极其顺畅和迅速。

"双重则滞"，两个人在推手或搏击当中，不可以形成一股顶撞的力量，否则叫双重。两个人硬碰硬地顶在一起，就会僵持住。

"每见数年纯功不能运化者，率皆自为人治，双重之病未悟尔。"虽然有一些人貌似练了多年太极拳，但不能够灵活运化，遇到压力不能化开。一出手就被人控制或占了上风，因为对双重这个道理没有悟透。其实在任何行当，都要把行当里面的机理悟透，悟透后就成为这个行当的佼佼者。就太极拳而言，对双重这个道理没有悟透，就会受制于人。

"欲避此病，须知阴阳，粘就是走，走就是粘，阴不离阳，阳不离阴，阴阳相济，方为懂劲。"

要避免这个问题，就要分清楚阴阳的道理，它是如何相辅相成在作用的。文章开始就论述得很清楚了，这里再总结一次。

"本是舍己从人，多误舍近求远。所谓差之毫厘谬之千里，学者不可不详，是为论。"

明明在太极拳里说的是要舍掉自己，然后才可以顺从别人，可是一般人认识不到要从自身上面下功夫，一味追求外在的技巧和带着自己诸多的想法，那就永远舍不掉自己，最后越走越远。不得不明辨啊！

三、太极拳的体与用

1. 太极拳与搏击

在我的教学过程中，碰到许多人会问，到底太极拳和其他武术门派，或者与其他的防身术有什么不一样？太极拳动作缓慢，健身可以，搏击或者防身的时候能起到作用吗？

其实大部分人并不了解，太极拳除了健身强体的功效外，在实战上的应用也是极其高明的。我认为，太极拳是武术的极致，它是一门极具中国文化特色的搏击学问和技术。

我们回看太极拳的历史，仅在杨氏太极拳的传承体系里，就出了非常多的高手。杨家三代均是高手自不待言，传至第四代之后也是有不少大家，田兆麟、董英杰、李雅轩和武汇川等人，他们都是一等一的高手，而且流传下来很多他们的真实故事，非常精彩。

谈到太极拳的技击特色，我们要先了解外家拳和内家拳的差别。简单来说，外家拳是以锻炼速度、力量、反应和各种技术变化为要点。内家拳完全不同，像太极、形意、八卦主要是练习神气的功夫，需要突破骨肉的局限，形成一种内外合一的势能运动。

武术在常规的实战中，力气大的肯定胜过力气小的，出手快的肯定胜过出手慢的，所以基本上这就成了外家拳练习的重点。根据各人对力量的体验和了解，发展出不同的流派，有人专门研究各种手法的应用，有人研究腿法、擒拿和摔跤的用法，五花八门。总括来说，他们都是在身体力量层面上做文章。

内家拳则完全超越这个概念，所以《太极拳论》里提到，耄耋老人对付年轻小伙也能够有胜算。即使对方速度比我快，力量比我大，但我仍有把握将其打败。这个就是内家拳不一样的核心所在。

如何做到，这就要从内家拳的指导思想和训练方法来讲。

首先，太极拳锻炼的是神气。通过细腻深层次感知天地的训练，让神气布满整个空间，而不是束缚在人的形骸之内。空间里的神气运动也称为势能运动，所以太极拳有十三势，十三种势能的运作方式，后面的章节会有详细说明。如此大的能量运动，一般骨肉根本无法对抗，也是耄耋老人还能对付年轻小伙的唯一方法。

其次，内家拳非常重要的一个要点，就是一定要放松去练习，直至松净，不带有任何骨肉的拙力。

放松即是为了把骨肉的作用减到最小，这样方能让神气发挥出作用。在气场中形成势能，用心意带动身体的运动，所谓"以心行气"，就是这个道理。当身体松开后，慢慢能够摆脱骨肉对我们的限制，骨肉越松开，神气范围越大，直至与外在整个空间融为一体，这时才能初步体会到神气的作用。

能感知到的神气范围，也称之为浩然之气。

通过每天的练习，细心体会，慢慢将其养育出来，变为一种真实存在的功夫。这个基础打好之后，才能逐渐体会太极拳的实战状态，阴阳的变化。

保持觉知地把身体慢慢松开，同一时间感受身体内外神气无所不在的实有状态。动静之间皆要保持此种状态。

对以上概念有了实际体会后，便可以具体探讨下一步，实战前的练习——推手。

推手不是一种运动或比赛，是同门相互切磋交流的训练方式，目的是技击。在推手过程中，我们要时刻感受对方在自己的感知范围之内，将其放在自己神气范围之中。唯有全面地感受状态，才能化解对方用种种方式施加过来的压力。

不管对方是用拳或腿来进攻，力量是大或是小，速度是快是慢，我们要通过听劲感受对方的力量，与对方合为一体，从而将一切危机和压力化开。听劲，就是感受对方的力量。如果能做到这一点，就初步能够进到太极拳化境的阶段。

但现在普遍状况是第一步松开的功夫还没做到，所以都被有形的身体骨肉限制住了，落入双重互顶的毛病中，要把对方的威胁或压力彻底化掉，那是不可能的事情。唯有在神气圆满的状态下，才能做到这一点。

如果无法将对方的威胁化开，一定会破绽百出，给对方制造进攻机会。当我们能够将对方的威胁化开，发现其漏洞，就能采取果断进攻。漏洞有两种，一种是神气不能照顾到全局，气瘪掉了；第二种漏洞是气势虽然有，但肢体是僵硬的，让人有可乘之机。

所以，整个用劲的过程，不是用骨肉，而是用势能来打。

通过之前的练习，我们就可以与空间融为一体，当我们动的时候，整个感知空间范围内的能量随之而流动，是整个空间能量在带动我们的身体在运动，一动无有不动。

通过这样一系列练习，我们就可以用到真正的实战中。

拳论里讲人不知我，我独知人。因为身体的松空，做到人不知我。我身体外面的神气饱满，感知就随时在，所以我独知人。保持在这样的状态中，我就能做到百战百胜，因为把对方的威胁化开后，他便没有了下手的机会，我一直处于上风顺势状态，对方则落于下风被动状态。我一旦出手，他无论如何都抵挡不住，对方一举一动我都能了然于心。

带着这个状态去实战，无论对方是用拳脚、摔跤、擒拿，还是用武器，对我来说都是一样。不管对方用何种方法都抓不到一个机会，陷入完全被动的状态，而我处处占得先机。这是太极拳与其他门派或其他一些实战技巧不一样的地方。

2. 松是活相，紧是死相

练习太极拳"松"是至关重要的。松不下来，身体是紧的话就不能顺畅地运行，练拳想出功夫很难，或者会遇到非常大的瓶颈。只有松，才能够全体相应，身体内外一体去运作。

松聲順耳

尤其当我们进入推手、散手，或者自由搏击练习的阶段，松是贯穿始终的关键。松真的那么困难吗？从某种意义上来说，这是一个千古难题。在教学过程中，我用得最多的一个词就是松，但有些学员松了很久也很难真的松下来。我们怎样才能做到松呢？

如果在理解上进入误区，要松确实很困难。真正的松绝对不是从我们的后天思想、头脑意识里能够获得的。只有当我们进入先天觉知的状态，一种非头脑概念和非经验的感知状态，并慢慢地深入去体会，觉知才能越来越清晰，我们才能真正地松下来。这个观念是重中之重！

松是一个活的相，目的是为了释放空间。每个人都希望自己活得轻松和自然，而松是生机活泼的状态，更是一个健康的相。学习太极拳最主要的目的也是想身体健康少生病。当我们能够松下来后，经脉通畅，健康随之而来，道理非常简单。但人往往想得太复杂，以至于最后健康得不到，拳也没练好。比如，我常常会说肯定能保证学员在健康上有很大的提升，原因就是让学员学会"松"。但得本不愁末，根本都能抓住，就不用担心了。

相对松而言，紧就是一种病态的相。它是被后天意识所束缚而引起的，我们生出来后，种种概念的形成和各种经验的积累，导致气脉越来越紧张和扭曲。紧也是一个死相，像人在临终时肢体是僵硬的。如果学会辨认松和紧的状态，就能随时去纠正自己的身心，保持在健康的道路上。

松甚至可以让我们遇事逢凶化吉，当遇到事情时能放松心情，结果往往也不一样，相信有生活经验的人都有如此体会。所以中国人看见别人遇到事情发生时，安慰一句"不要紧"，就是让对方能放松下来。松开后，空间就释放出来了，气也会通畅起来，就会想出解决方案。

"松"的练习是有次序和方法可循的，人人都能学会。要了解次序，必须从形、气、神开始，从粗浅到精微，因为人无非由形、气、神三个部分组成。

第一部分形体方面，《黄帝内经》讲"骨正筋柔"，骨是代表我们的骨架和关节需要在正确的生理位置上。筋要柔，身体各部位的肌肉和韧带要柔软有弹性，在动态中各关节也是灵活的。对于形体这一部分的练习，可以通过八段锦、易筋经、伸筋拔骨和瑜伽等功法来锻炼。形体这一点往往会被人忽略，不够重视，导致在"松"的过程中进步不了。对于这一点，练太极拳的人是最有发言权的，像杨澄甫祖师经常把一句话挂在嘴边："要松、要松，不松是挨打的架子。"

第二个组成部分，是气的层面，也就是能量。要达到气的顺畅，也可以通过练习来实现。练习时，先要让身体如前所述把体态放在最合理的状态。在这个正确的体态上面，尽量放松自己的身体。这个过程是从浅到深的。最开始，我们会感觉到皮肉之间松开，逐渐地深入，就会感觉到松开的深度可以到骨髓。完整的过程可分为五个阶段，皮、肉、筋、脉、骨。这个练习的层次也是从粗到细的，是通过意识或意念的放松来完成。我们的意识（心）越粗，层次越浅；我们的意识（心）越细，层次会越深。

第三个层面，关系到我们的精神层面。做到前面两点，精神也比较安定了。

在这个阶段先天的觉知就会呈现出来，心如明镜般照耀一切事物。觉知越纯净，精神就会越放松，直至松净，内心无比自由。过程就好比擦镜子，把上面的灰尘（杂念）擦得一干二净。到最后，可以不起任何杂念和妄想。前面所述的三个层面，是个三位一体的练习，可以循序渐进，最后彼此相互促进。

关于松和紧，我自己在临床治疗的时候，非常重要的一步就是判断病人身体的松紧状态。当触摸到病人身体有紧和僵硬的地方，那个部位肯定是有病灶疼痛的，不通则痛。身体是一个整体的网络结构，一个僵硬点就会引起身体局部或其他部位一起疼痛，所以一定要想办法把痛点松开。很多时候人还会同一个病灶反复发作，甚至久治不愈，不管是内科还是伤科的问题。医生好不容易帮病人治疗得有所改善，一旦回到生活中，各种压力情绪一来，人就紧张，老问题就又回来了。这方面大家应该也有类似的体会。很多疾病解决不了，原因正是人不能一直在松的状态里保持住。

身体本来就具备自愈力，我们一定要时刻提醒自己处于一个中正、放松的状态里。如果一个人不懂得放松自己，一直向外追求，过度消耗，身体没有时间去自我修复，我们的生命也会越来越干枯。如果能时时处于松的状态里，还是做日常应该做的事情，就能把握到很好的一个度，一直处在中道不偏不倚的状态里，人就会越来越健康。

人际关系也是一样，大家肯定喜欢和情绪稳定的人在一起，脾气坏的人，大家都躲。一个健康的人，不只是身体健康，他的人际关系也应该是健康的，和朋友、家人都是处在和谐的氛围里。慢慢学会放松，就会发现自己变得越来越温和。松的好处真是说不完的，这里只能说个大概和方向。

3. 四面八方的空间感

每个人都是由肉体和精神两方面组成，而功夫就是要能把两者合而为一，高度统合，达到形神兼备。太极拳属于内家拳，是一种兼具身体和精神训练的拳术。如果能把太极拳练好，会给我们带来非常多的益处。

在身体层面，太极拳对骨骼和肌肉的锻炼有着精准的目标和要求。无论是基本的桩功训练，还是拳架，骨架都要调整到一个合理的位置，保持正确的形体姿势，这样人体才会具备稳定的结构。

有了这个基础后，再练习从表层的肌肉到深层的经脉的放松，逐步做到举手投足间肌肉都不会紧绷，甚至每个关节、肌束都能够畅通，最终气机顺畅游走于全身。

这种畅通感会让人获得一个沉稳的感受，同时，在沉稳中不失轻灵，也是太极拳中常说的"松沉"感。当然在动态中还能保有"松沉"的难度是比较大的，需要经过长期的训练。

在精神层面，太极拳是绝佳的修习工具。它让我们放下后天的思维，完全

全體透空

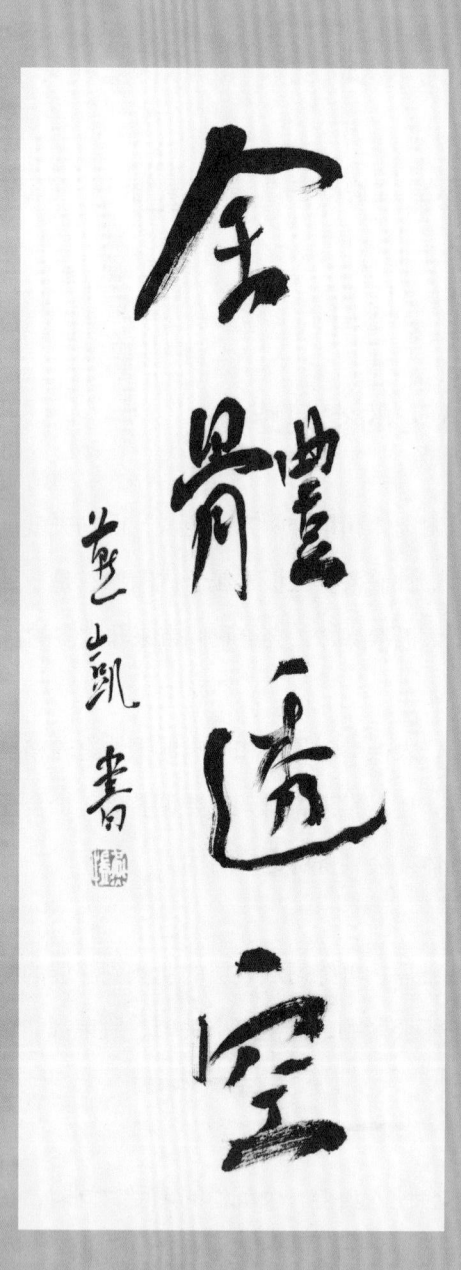

蓮凱書

进入先天觉知的状态。在先天觉知的状态中,清明地感知外界,对所有发生的动静变化了了分明,清醒而不沾着。

不断熏习,假以时日,功夫自然上身,可以应用在日常生活的方方面面。

我们已经看到了这条路,而非常关键的是,这条路应该如何去走?如何能一步一步走得清晰稳当?

无论是在身体还是精神的层面,路走得对错与否,其实是有标准可循的。

这个标准的大原则是:练任何功法,都不能往小处去练,而需要往大处着手。杨露禅前辈在教弟子的时候说,"站住中定,往开里打",就是这个意思。往小处练,容易无形中加重对身体和后天思想的执着,人会容易落入自我,捡了芝麻丢了西瓜。最后练出来的只是一种低阶的功夫。

老子在《道德经》里提道:"吾所以有大患者,为吾有身也;及吾无身,有何患?"要练出真正的功夫,需要往大处着手,一开始就要建立一个高度。儒家讲"浩然之气",道家讲"与天地精神相往来",老前辈拳术家讲"力合宇宙",杨家讲"若知天人同体之理,便得日月流行之气"。诸如此等经典语录,都在提醒后辈学人，要朝无我、天人合一的方向去练习。明白了我们本来就是跟天地在一起的，那么所练的一切都有了一个方向，一个标准。自然会天地开阔，境界提升，格局打开。

在练习的过程中，无论是站桩还是太极拳拳架，初学者总是会经常怀疑自己练得对不对，尤其是在比较了各门各派的各种说法，身体出现一些反应以后，会有一个强烈的质疑和否定的阶段。因此，在明白"往大处着手"的道理后，还要遵循一个标准：空间感。

身体要达到一个稳定的平衡，需要做到形体的中正，体态的安舒，气脉的畅通。也就是要做到太极拳的要领，虚领顶劲、含胸拔背、沉肩坠肘等。去感觉身体哪里是僵的，放松下来，找到舒展、开阔的感觉。这种体会是全方位的，做到位了，从头到脚、四面八方都会感觉处在一个合理的状态，会自然表现出一种开阔感，也可以称为空间感。

人体一不端正，你马上会感觉到四周的空间似乎会不均衡，好比新鲜的葡萄和葡萄干的区别。新鲜的葡萄是均匀饱满、生机勃勃的，葡萄干是不均匀的、瘪掉的。这种开阔的状态，其实大自然中无处不在。可以试想一下，我们站在海边，看大海一望无际，远处的地平面和天连成一片，整个人的心胸都开阔起来。有时候会在瞬间进入一种无我的状态，感觉自己和大自然融为一体。就在这个瞬间，人体的每个部位都自然处于既中正又放松的状态中。虽然"瞬息即逝"，但是如果明白这个道理，感受过这种状态，在日常加以训练，就能够长久地保持这种开阔感。因此，当发现自己变紧了，当不知道自己是否中正放松的时候，找一下能够支撑四面八方的空间感，会在瞬间把你调回中正。

逐渐地由外入内，人会变得越来越安静，宁静到后天的意识都暂时停下来的时候，自然会升起觉知的力量，带来精神的提升。这种觉知的力量是先天的，能沟通内外，身体上从粗到细的部位，骨头、肌肉、毛发、细胞，甚至血液的流动，都能够清晰地被感知到。对自己的每一个起心动念也了了分明，对外界所有的光线声音等都一目了然。如果能时时处在这样的状态中，就可以打破维度，对生命有一个更深入的了解。

太极拳的练习是一个长期的过程，随时保持身体和精神的开阔感，我们就能正确走在成长的路上。

四、太极拳与健康

1. 是什么在伤害我们的生命力

张三丰祖师创立太极拳,很重要的一个目的就是,想提供一套对身心健康有帮助的锻炼方法,希望人们以此得益。太极拳在超过六百年的传承当中,帮助无数人恢复了自身的健康,是一种学会了就能受用终生的健康训练方式。

尤其在近百年间,太极拳传播到了海外,让海外人士也接触学习到了太极拳。据统计,太极拳已传入100多个国家和地区,全世界已有70多个国家和地区建立了太极拳组织,练习者达1.5亿人。太极拳之所以能这么广泛传播,在于其对身心的改善起到了非常明显的作用。2002年,美国《时代周刊》还把太极拳称为"完美运动"。

近几十年,国内外不少知名学府都利用现代科学的方式对太极拳进行深入研究。他们发现太极拳确实对身体的各个系统都有明显的帮助,比如,心血管系统、神经系统和免疫系统等,还可以大大减少老年人摔跤的概率。他们还通过研究发现，太极拳对健康能有如此大作用的原因有三个：

一是太极拳是一种有氧运动。它的动作缓和，强度低，持续并且有节奏，锻炼时间较长，每次训练不少于三十分钟，每周坚持 4~5 次。在运动中所需氧耗完全可以得到补充和供应。氧气能充分燃烧体内糖和脂肪，增强和改善心肺功能，预防骨质疏松，调节心理和精神状态。

第二是其不受限的便利性。太极拳是一种训练者随时随地可以进行的运动，练习太极拳受限少，对年龄、性别、穿着、场地和时间均没有太高的硬性要求，这样也有利于坚持不断地去练习。但凡一种运动，即便再好，如果不能长期持续练习的话，无疑是收效甚微的。

第三是太极拳是让人身心放松的运动。太极拳是少有的能让我们的身心时时刻刻处于放松状态的运动。在锻炼时，我们会一直提醒自己身体要尽量放松；当身体放松时，精神也随之放松，这样的运动才能使我们的身心处于能量自然流动的状态。

尽管国内外的科研机构已经从科学视角对太极拳开展过多项研究实验，但因为太极拳的特殊性，那些研究成果无法把太极拳真正的原理讲明白。因为这些研究基本停留在有形物质层面，对无形的能量和精神层面尚了解不深。

如果能让更多的人全面系统地了解太极拳的好处，就会有更多的人在太极拳里受益。下面，我们必须借助中医的理论来进行探讨，才能系统地明白太极拳是如何对人的身心起到帮助作用的。

中医学是众多自然医学中最有系统的一门学问，能让人深入了解身体的不同层面。中医的核心思想在于保护和恢复人体自身的生命力，也就是正气。只要生命力在，就能保护机体免于细菌病毒的入侵，也就是中医说的外界风寒暑湿燥火的邪气入侵。精神也能够保持稳定，不受各种过度情绪的干扰，这就是身心一体的道理。它们彼此影响和促进，在这样的情况下，人体内的阴阳才得以平衡，也就是人最接近"先天"的一种状态。

孩童比大人更接近"先天"，所以孩童相对更健康，身心处于开放与快乐的状态里，身体是柔软的，皮肤是光洁有弹性的。当人处在"先天"状态时，能量最充足和通畅，与外界的交流也畅通无阻，这是最佳的健康状态。

反之，当步入到"后天"，由于人的思想和情绪的变化，导致生命力不断降低，造成各种各样的卡点与堵塞，人的精神会变得越来越弱，身体会逐渐变得僵硬，皮肤也会粗糙干瘪。

要明白到底是什么在打破身心平衡，破坏生命力，我们先要知道生命力是精气神的体现。精气神展开来说又分为先天与后天的不同，这里我们先探讨后天这部分。

"精"是人体赖以生存的物质基础，它包括生殖之精和水谷精微（营养）。气是人体的内在能量，由精转化而成。神就是我们的精神状态，是以精和能量作为基础的。

所以，精不足就不能转化为能量，能量不足就不能有稳定和清晰的精神状态。为了保护我们的生命力，从而保持良好的身心状态，我们尽量少做一些能伤害到精气神的行为。

什么样的行为能伤害到我们的精气神呢？首先，从中医的角度来说，过度的性生活会消耗我们的生殖之精。生殖之精是由先天之本的肾气所生化和储藏的，肾气提供了我们最基础的能量。过度耗伤此精华就等同于伤害到肾气，会出现腰酸腿软、记忆力差、容易衰老、性功能障碍和不孕不育等问题。男子会出现前列腺和遗精问题，女性也会有各种月经和子宫卵巢等问题出现。

另外，就是伤到水谷精微（营养）的转化，不能把食物变为我们的营养。中医认为，胃是负责食物的受纳与消化的，最后通过脾的能量把营养运化到全身。一旦脾胃的能量出问题，就会出现消化不良、人体消瘦、胃胀痛和肌肉无力等一系列消化系统疾病。损害到脾胃的原因有饮食不节制和不定时、偏食、过度饮食辛辣和冰凉的东西等方面。

人在健康的状况下，气是充足和通畅的。伤气后引发脏腑各功能的减退，引起早衰。脏腑功能衰退后抵抗力变弱，表现为畏寒肢冷、自汗、头晕耳鸣、精神萎靡、疲倦无力、心悸气短等症状。

伤气的原因主要有三种，一是长期处于情绪不稳定状态。如恐惧、焦虑、忧伤和愤怒都会伤及人体气机。在中医的理论里每一个脏腑都会对应一种情绪，如怒对应的是肝，恐对应肾，忧对应肺等。举个例子，常常处于恐惧的人，会损及肾气，就会发生腰酸、腿脚无力或大小便不正常的问题。

二是过度疲劳。在工作和生活中不能做到劳逸结合，过度疲劳，缺乏休息，会透支身体的能量。

三是久卧和说话太多。中医理论里提到"久卧伤气"，如果一个人因为特定原因卧床太久，缺乏运动，会对气的流动有影响；说话太多的人也会大量消耗能量，例如，老师这类职业。善于保养我们的气就能减少上述问题的发生。

我们的精神需要处于清晰和稳定的状态。神依赖着精和气的支持，但一旦神出现问题，也会波及精和气，导致生化不利。神被影响，会出现各种神志的问题，如注意力不集中、情绪失控、胡思乱想、幻觉，严重的话会造成抑郁症、躁狂症或产生轻生的念头。

伤神的行为主要有两个：一是思虑过度。在工作和生活中夜以继日地持续思虑，不能把思想停下来，过度操心和忧虑，不断想各种各样的事情。

二是晚睡或熬夜。人需要按照正常的生物钟进行休息，一般来说，晚上十一点前需要休息，假若超过此时间还做大量的体力和脑力劳动，违反此规律，就会伤神。

太极拳对生命力的保护在于从源头进行觉知力的培养，练习者需要训练出由浅入深的身心感受。通过这个感受力，我们慢慢会发现，练习太极拳就是在锻炼人体精气神三个不同的层面。

精是三个里面代表物质的层面，也是最基础的，在人体上对应的就是我们的肉体，在这个层面我们需要保持身体的壮实度和身体的柔韧性。

在太极拳的锻炼里，前辈们提到"练体以固精"，通过锻炼，身体壮实、脏腑的能量增加，精才得以保存。在中医理论里，精是藏于脏腑之内的，运动可以加强脏器的力量，否则会泄漏，如肾气虚的人会出现遗精的现象。

同时，要保持身体的柔韧性，《黄帝内经》里谈到"骨正筋柔，气血以流"，如果身体是僵硬的，会阻碍气血的整体流通性。比如，人是一辆汽车，肉体就如同汽车的各种部件和通道，必须坚固和通畅才能做到正常运行不出故障。太极拳这种柔和的拳架训练方式，让身体的各个部位得到训练，得以加固，通过舒展的运动把筋骨打开从而通畅。

汽车的架构有了，接下去我们需要的是汽油，汽油相当于人体内的"气"。汽油除了要充足以外，还需要由通畅的通道来运化。这方面也可以通过站桩和拳架来实现，站桩可以养气，使气充足，这个过程是把耗散的能量集中起来，不过度消耗。拳架的训练是在肌肉尽量松开的状态下进行运动，让气血流通且保持通畅。

有了汽车和汽油，接下去需要一位司机，司机就是我们的"神"。试想一下，如果这位司机开车时精神困倦或酒驾，就容易出车祸。而保持精神稳定和清晰，那就会安全得多。整个太极拳的训练就是一直在训练我们的觉知和定力，让我们精神稳定不出偏差，即便出了偏差，也能及时觉察并且纠正过来。

人生就像一条有起伏的道路，我们都希望能健康地到达终点，太极拳就是这个可以为我们保驾护航的工具。

2. 动静结合，打开人体的大药库

当我们从广义的角度去探求，就会发现所有的人和事物都有一个密切的关联性。所以一个完整的运动是可以将天地人连接在一起的。对于健康来说，需要达到平衡和均匀的状态，就需要动和静的结合。

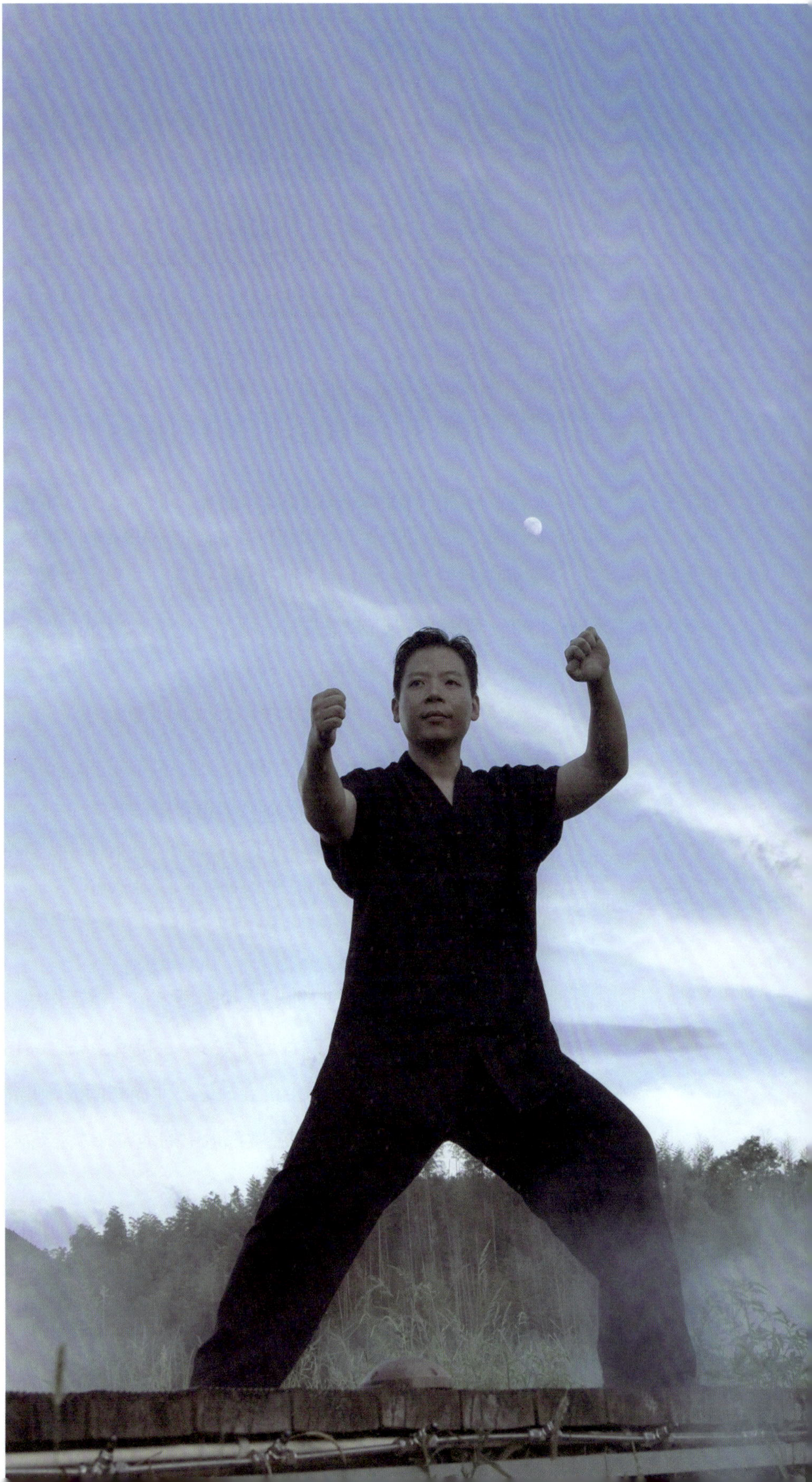

动是什么？动能够起到一个疏通的作用。中医说动能养阳，使阳气可以得到生发，也可以说养护我们的阳气，让它不断地流通和流动。一个人如果总是待在一个地方不动，喜欢睡觉，喜欢坐着，不喜欢走动，慢慢阳气也变得弱，整个人就会无精打采，也会容易变得忧郁。

阳气是一种动能，也可以说是一种热能。一个有着良好生命状态的人，肯定是流通的，是有阳气的。如果一个人快不行了，生命快结束的时候，他会怎么样？会变冷，四肢会觉得冷，没有温度，没有力量，人会低沉。所以阳气是一个很重要的指征，阳气的提升不能光靠药物，一定要考虑提升动能才能达到效果。

静是什么呢？既然动是养阳的过程，静就是一个养阴的过程。阴代表形体、血液、水分和肾精，一旦人体安静下来以后，不再过度消耗了，阴分也会得到补充。如果光关注动，会消耗得比较多。所以动静结合是很重要的，人体会处于一个阴阳平衡的状态里。

中国人讲阴阳的平衡，是一个合理的状态，是遵循宇宙自然运作法则的。"孤阴不长，独阳不生"，一个地方阳太多或者是阴太多，生机就会缺乏。比如沙漠，太热水少，阳太多阴太少了，沙漠里的生机会缺乏。北极和南极，非常寒冷，阴太重了，自然草木不生。而阳光水分和温度都适中的地方，才是充满生机的。

所以，这里讲到一个很重要的健康概念，身体训练要在明白阴阳平衡的道理下进行，才会变得越来越有生机。一方面，就像华佗说的"生命在于运动"，不运动的话，身体的部位慢慢会僵硬掉，流通性不够，气血滋养不到身体各个部位；另一方面，要懂得静下来养阴。

　　静下来的方式，比较推荐的就是能让自己身心完全安静下来，静坐或者站桩。当然很多人会问练书法可以吗，学古琴可以吗。当然也是可以的。如果在练古琴和书法等这些相对静态方法的基础上，同时有一些静坐和站桩的经验会更加好。比如写书法，毕竟还是要动到思想。但当你在静坐和站桩的时候，就可以慢慢地，一步一步让思想安静下来，最后像一个风平浪静的海面，不起波浪。这是最好的养阴的过程。

　　中医临床上，比如有些人有阴虚的表现，可能是身体里面的津液不足了，血不足、肾精不足了，阴虚生内热，会出现一些阴虚火旺的现象，人会变得干燥，皮肤干，嘴巴干，甚至发苦，五心烦热，还有睡眠障碍和盗汗的问题。首选的方法，只要能够让自己真的安静下来，一点一点地阴分就能养回来。不一定需要药物就可以完成。像贫血的人，一些干燥症的人都需要有养阴的过程。

　　人体自有大药，很多时候我们不需要借助外界的东西，而要懂得阴阳平衡的道理，动静结合的锻炼，就是一味大药。大药不是从外界来的，你的身体就是一个最大的药库，本能而有，外面的药只是激发你身体产生造药的功能而已。比如，大家常说党参、黄芪可以补气，不是说这个药有气，补到你身体里面，而是这个药我们吃进去了以后，促进气的生成。吃了当归、川芎、红花，有活血和补血的效果，只是它把你身体里能够造血的功能激发出来了。

身体就有一个这么奇妙的功能，所以我们要打开身体药库。那如何可以做到呢？同样可以通过太极拳来实现，但最关键的是大家要明白背后的道理，可以运用到不同的运动方式里去，比如打高尔夫球、羽毛球和滑雪等。你可以把这个道理放在里面，做到动静结合。

太极拳里讲到四句话，也是训练后会出现的四个阶段："炼体固精、炼精化气，炼气化神，炼神还虚。"

首先是炼体固精，你要先训练自己的身体，身体包括皮、肉、筋、脉、骨，这是我们的有形的身体，还包括五脏六腑。身体练好了，练得稳健以后，就能固得住身体的精。精即精华。精代表什么？

精代表两个，一个是水谷精微，也就是现在说的营养，如果一个人没有锻炼，经常出现问题，比如，胃口不好，消化也不好，没有食欲。哪怕吃一点东西下去就会感觉有点胀。脾虚的人，如果虚得比较厉害，不但不能转化营养，还会出现完谷不化，吃什么拉什么。这是脾胃功能出问题了。原因在哪里？很多时候是动得太少了，不能够很好地去运化，没有得到锻炼。还有一个，精代表从父母遗传过来的先天的精华，也叫肾精。一个人身体的骨头肌肉如果没有力量，先天之精很容易会流失，出现下焦虚弱、肾虚，诸如男性滑精漏精，女性经血淋漓不尽、崩漏等现象，这也是肾气固不住。

锻炼身体，有一些动态的训练后，中焦脾胃得以运化，营养就可以通过消化系统运送到身体不同的部位去滋养它，先天的精华也是可以固摄得住的。这两种精华固得住以后，它会转化为能量，炼精化气就是这个意思。中医对能量探讨得非常清晰，身体能够活动，眼睛能够看东西，耳朵能够听声音，是能量的升降开合在作用，光有形的身体是不够的。前提是身体先后天的精华要足够才能化生为能量，也就是气。一些人面黄肌瘦、腰酸腿软等，都是先后天精华没有很好地转变为能量。

其次，炼气化神。气足够了以后，精神也会足够。神表现为精神状态。心神稳定，生活中清晰不散乱，精神饱满。如果情绪波动很大，不容易自我控制，很容易被影响，也是神不足的表现。

随着社会节奏的加快，人需要照顾的事情越来越多，也越来越容易躁动，所以这个时代护养精神来得特别重要。很多人都认知到这个问题，但是能不能做到是有一个前提的，就是身体有没有练好，先后天的精华有没有保护好，能不能转变成为我所用的能量。如果这个阶段没有做好，就算尝试种种的方法，中西医也很难治愈的。

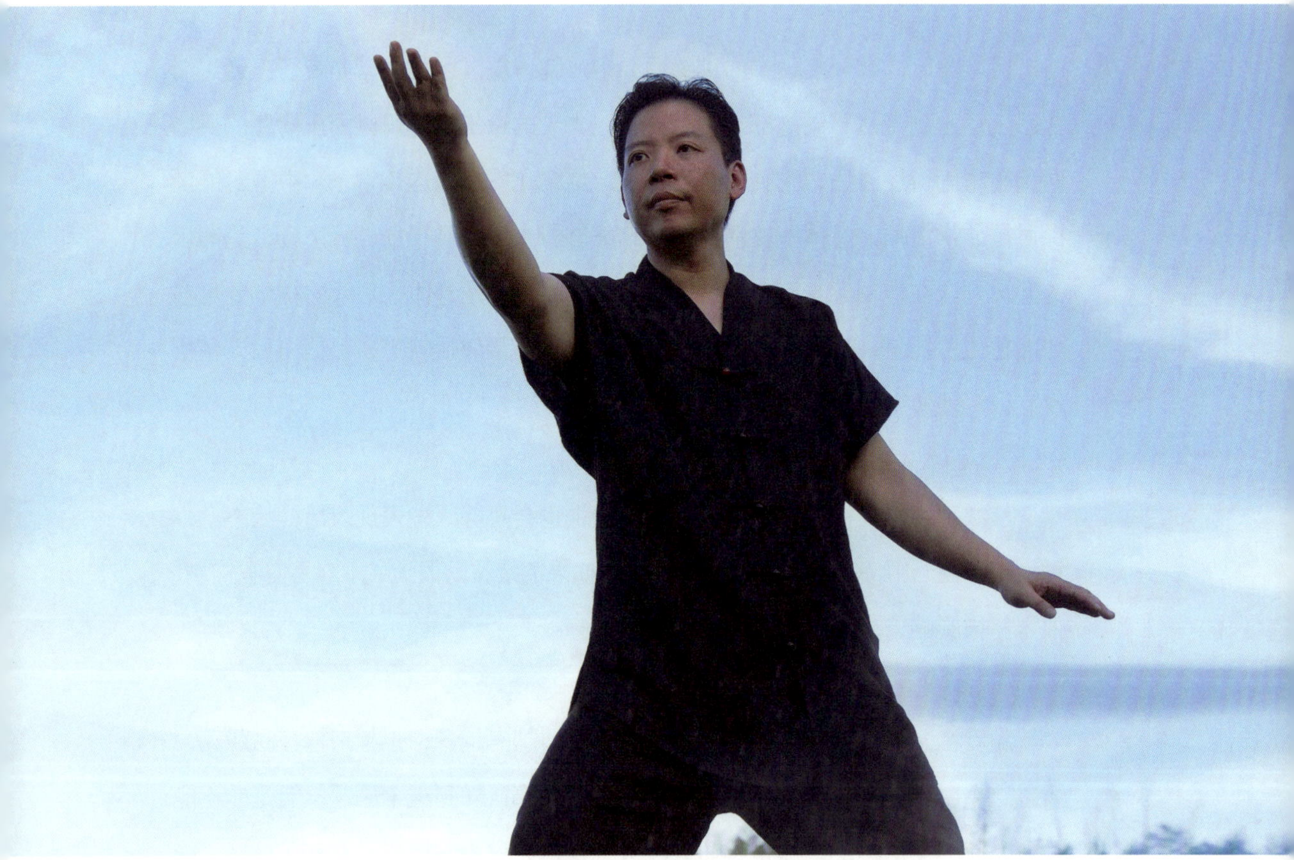

3. 人体形态学与太极拳

有句话说，物质基础决定上层建筑。有形的身体是一个人的基础，一切其他的，无论是看得着的财富地位，还是无形的精神心理追求，都必须承载在健康的身体之上，才不至于成为无根之木，无源之水。

中国自古以来就讲究"行得正，坐得端"，要堂堂正正地做人。这些话都不只是喊口号而已，没有正确的形体结构作为支撑，是得不到健康的，更不用讲养出"君子坦荡荡"的气质了。

现在人们每天对着电脑手机，颈椎病、腰椎病越来越多。包括小朋友也有很多脊柱侧弯、骨骼变形、骨盆前倾后移等问题。

现在，很多小孩子因为没有意识到形体对身心发育影响的重要性，做作业的时候佝偻着背，久而久之，就出现了脊柱侧弯等问题。临床上有不少孩子来看诊，眼前看得到的问题是会影响长身高；还有长期窝胸，会导致心肺气机不畅，时间长了会出现一系列的其他疾病。甚至这样的小孩子因为心胸不够敞开，在和人谈话沟通的时候，会容易表现出畏怯，自信心不足。

对女性来说，站姿不正会引起骨盆歪斜，影响气脉，就有可能导致一些妇科问题，甚至不孕的情况。

南怀瑾老师也经常说不要弯腰驼背，否则上下身的气就断掉了。坐姿不正和肠胃不好等毛病也有关。包括静坐的姿势，一定要中正。

姑且不说练功中的高深学问，首先只要形体能做到中正不歪斜，很多颈椎、腰椎、膝盖疼痛、骨盆倾斜、肩周炎、网球肘等问题就可以跟你无缘。

那么，到底怎样的形体结构是正确的呢？首先，要确立的是这样一个目标，有一个稳定的结构、放松的身体，让内外均匀、平衡。

《列子·汤问》："均，天下之至理也，连于形物亦然。均发均县，轻重而发绝，发不均也。均也，其绝也，莫绝。人以为不然，自有知其然者也。"大意是，均衡是天下最高的准则和道理。世间任何有形的东西都是如此。均匀受力的头发能悬挂重物而不会断绝，如果发丝受力轻重不匀，那么即使受力再轻，发丝也会断绝。

均匀是道的体现，能达到均匀的状态就合乎道了。这里特别想强调的是，我们要达到的是一个动态的平衡，不是一个死的平衡。很多时候一说到平衡，人们会习惯性地认为有一个绝对的、固定不变的标准。天道无常，天地万物无时无刻不在发生变化，怎样达到动态的平衡很关键。

现在社会上对形体也开始越来越重视，还有一种很流行的职业叫体态调整师。也有很多的健身教练、瑜伽教练去欧美国家学习体态方面的知识。欧美的

高吟雅句酔螢夢
亂舞狂歌似笑花

这种体态学基于解剖学，对人体骨骼肌肉、筋膜的认识也有一定深度。

人类解剖学有数百年的历史，现代医学都是基于解剖学来发现人体身上新的组织结构，有时候有点像大海捞针。筋膜是近二十年才被发现和重视的，很像中医说的经络的一部分。现代医学把人体解剖后，把筋膜剥离出来，整体的线路和经络走向非常吻合。

以前的西方医学对痛症的治疗是点对点的，筋膜的发现，让西医发现头痛可能和脚有关系。这就可以避免头痛医头，脚痛医脚，对人体的康复治疗起到很大帮助。这也很符合中医上病下治的道理。

所以不仅要知道运动健身，还要知道正确的体态结构，懂得如何调形。让身形变得挺拔的同时，气机也会更加顺畅。并且懂得了形体的重要性，在生活中也会更加注重姿势，可以建立起一个周而复始健康的运作过程。

在我的临床看诊和武术的教学过程中，也会去注意观察这些案例，并且发现这两者之间有着非常紧密的关联。在武术训练中，结构是基本功，只要你在身体形态上有一点偏差，哪怕有一处细微的僵硬点没有松开，整个人就达不到均匀的状态，就会失去中正和平衡，在推手实战的时候力量就用不出来。

在传统文化领域，无论是中医还是武术，都是不能有模糊地带的。社会上很多人说"中医就是毛估估，差不多就行"。我非常不赞同这一观点。中医是一门精准且高深的学问，比现代医学要求更高。差异在于中医依靠人的感知来校准，而现代医学靠的是仪器。武术也是一样，太极拳越深入越细腻，在形和神两方面，都不能出一点点的偏差，功夫有就是有，没有就是没有。

一方面，通过站桩和拳架去慢慢感知，如果对感知功夫不深入，就会有缺陷。另一方面，哪怕有很好的感知，体态不对也不行，化解不掉压力。每一步都不能含糊不清。虽然似乎没有一个量化的标准，但是两个人一接手就清楚了。所以说太极拳是一个可以检验的工具，不会落于臆测。

在结构方面，现代的体态学和太极拳的要求是一样的。体态学以解剖研究为基础，也有细致的方法可以做到对身体细致度的觉察。而相对比较欠缺的是对人体气血能量的理解。因为有时候形体做不到端正，可能不是结构方面的问题，而可能是因为脾胃虚、肾气不足导致的。

而太极拳完美地把结构和气血这两个层面结合在一起。讲究中正均匀的结构，更强调精神的放松，以激活深层的气血能量。

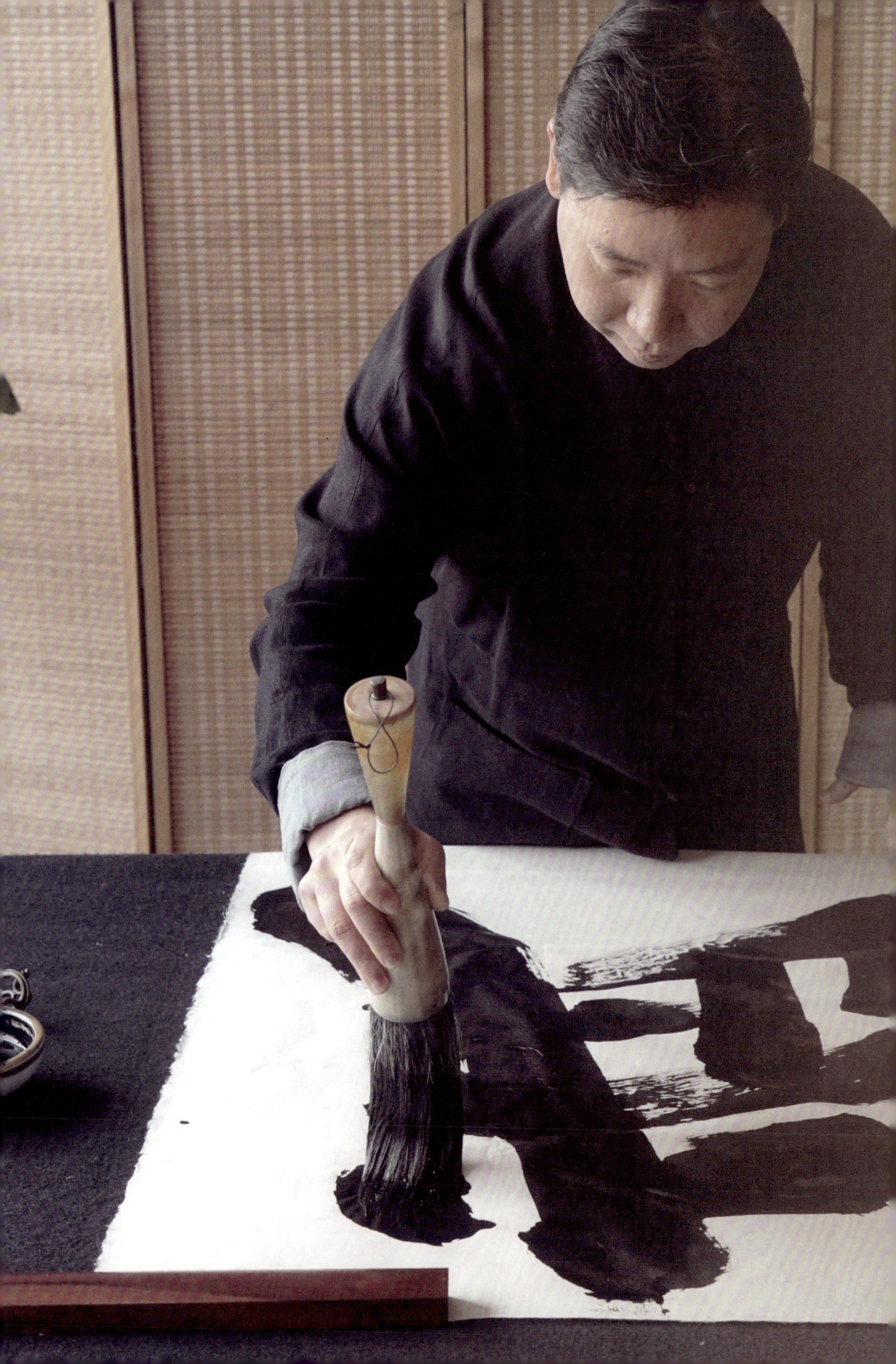

下篇 太极拳的入门练习

《黄帝内经》里就提到『上古有真人者，提挈天地，把握阴阳，呼吸精气，独立守神，肌肉若一，故能寿敝天地，无有终时，此其道生』。简单地说，这里所提到的真人，是修真之士，通过修炼来证悟世间的真实。

一、太极拳的入门练习

1. 站桩的身法与心法

通常修道之人把站桩作为一个重要的修炼方式。《黄帝内经》里就提道："上古有真人者，提挈天地，把握阴阳，呼吸精气，独立守神，肌肉若一，故能寿敝天地，无有终时，此其道生。"简单地说，这里所提到的真人，是修真之士，通过修炼来证悟世间的真实。运用"独立守神"的方式，修静定的功夫，不让自己的精神外散，守住元神，保持觉知，体会天地阴阳的运作规律，滋养身心，让气脉通畅，浑然一体，这样便能与天地共存。后世很多人就把站桩和此心法结合，用在养生和武术里进行练习。

提到"桩"这个词，我们会想到树桩和石桩，或是武术中的训练工具木人桩、梅花桩。引申出来讲，桩具有中正之意。人能保持中正，内心就能获得平衡，进入不偏不倚的状态。从身体层面来说，人体的脊柱也是阳气之所在，脊柱端正，人的经脉才会畅通，阳气也会足。再者，五脏六腑的神经都由脊柱分布出来，因此一旦身体不中正，骨骼偏移，就会压迫到神经传导，影响脏腑的功能。

学会中正的道理，对人们的身心健康会有很大帮助。身心端正了，心胸才会开阔，能量得以生发，达到气血运行畅通。减少消耗，使能量得以整合和聚集，让气血慢慢变得充盈，从而增加身体和精神健康的稳定性。

站桩引导我们最终去往的方向，是和传统文化相吻合的，需要达到天人合一的状态，让我们能够与天地精神相往来，感觉到宇宙万物是一体的。

就让我们来学习一下站桩是如何练习的。初步可分为无极桩和太极桩，无极桩是让我们在一种最简单自然的状态下进行练习的；太极桩是相对进阶的训练方式，让我们在相对更高要求的姿势下进行练习。

站桩的第一步要"调身"

● 无极桩

身法要领：

练习无极桩，第一步要"调身"。

身体自然松直地站立，膝盖不需要特意弯曲也不要绷直，保持放松即可。两脚与肩同宽，双手自然下垂，保持身体中正，要挺而不僵。

双眼平视、放松地睁开（提醒：觉得疲劳的时候可以闭眼，但是要明白站桩的时候是需要眼睛放松地打开的，到最后睁眼和闭眼都是同样状态）、舌顶上腭。

示范：无极桩正面　　　　　　示范：无极桩侧面

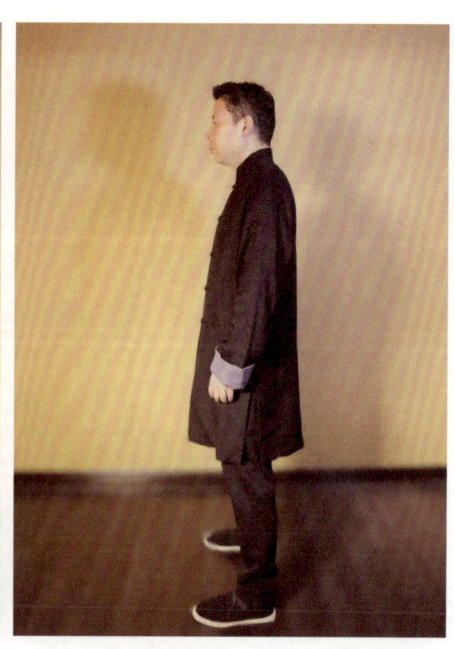

无极桩站了一个月后，可以慢慢地进入太极桩的训练。

● 太极桩

身法要领：

两腿分开与肩同宽，保持身体的中正，舌顶上腭，双眼平视且放松地睁开，眼神开阔，像看到整个原野，全然接纳眼前看到的所有景象，不把注意力放在任何一个点上。

带着提拔之意，身体微微往下坐，松胯屈膝，尾闾中正，注意不要翘臀。

膝盖不能过脚尖，且膝盖和脚尖朝向同一个方向。

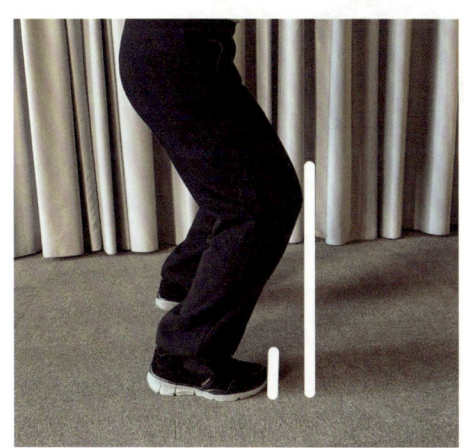

错误：膝盖超过脚尖 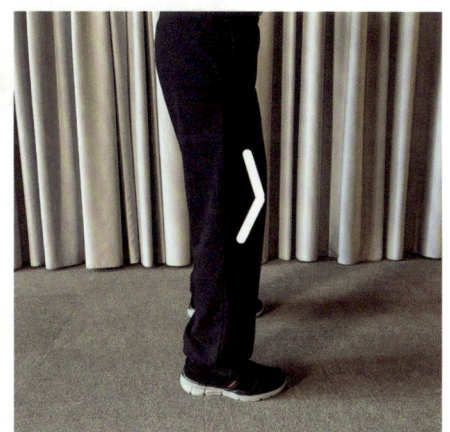　　　　　　　　　正确：膝盖微微弯曲

脚底均匀地平铺在地面上，力量在全身均匀分布。双手抱圆在小腹前，初学者手不要高于肚脐，两手指尖相对，手指自然放松张开。

示范：太极桩

第二步是"调息"

在身体中正与放松的状态下，去觉知、调和呼吸的一进一出，觉知到呼吸的细、慢、长。

"细"，是指鼻孔进出气息非常柔和，感觉好像微风经过，细腻而不粗糙。

"慢"，是要求呼吸"徐而和"、不急促，如果有喘气的声音就需要调整了。

"长"，即呼吸非常深长，感觉气息可抵达腹部。

保持自然的呼吸，慢慢地会觉知到吸气的时候小腹部鼓起，吐气的时候小腹部下去，注意不要刻意去控制呼吸。

如果是自学站桩，不能够感觉到呼吸，是因为还不能放松，可以躺在床上，双手放在小腹部去感受，再在站桩中去体会。

第三步是"调心"

松、静、自然。不造作，保持心胸开阔的状态。当有任何杂念或者是身体的不舒服感升起时，知道就好，不要人为去干预。

在身体姿势保持正确的前提下，如果发生一些疼痛、气机变化的现象，都属于身体的自然调整，或是气冲病灶的反应。

注意事项：

● 收功

双脚并拢，双手打开后交叠合到小腹部，安静一会儿，慢慢再放下。

● 站桩时间

无极桩练习的前半个月可以每天站 20 分钟，半个月以后可增加到半个小时以上。

太极桩练习刚开始可以站半个小时，然后慢慢地提升到一个小时。

● 其他注意事项

1. 建议刚开始时在室内安静之处练习，防止太多外界的干扰，避免烈风吹击。不建议在地下室等不通风、易有湿气和霉气的地方练习。

2. 尽量白天练习。

3. 饭后不要马上练习，最好一个小时后，胃中食物消化得差不多了再进行。

4. 宜穿宽松衣服、平底鞋。

5. 不应在锻炼出汗后喝冰水，也不应用冷水洗澡或擦拭身体。

6. 练习时，如遇到身体上的不适，任何部位都是可以微调的，因为站桩需要站活桩，并非死桩。

站桩练习的过程中，如果能够做到以上的要求，身心会慢慢地调柔，气机顺畅；如果站得不正确，身体会越来越紧和僵硬。

以上是站桩初步的入门方法，更多进阶细节要领，若能有专业的老师指点最佳。

2. 静坐入门旨要

在太极拳的训练过程中，除了站桩，前辈们往往也会加上静坐的练习。杨家太极拳前辈汪永泉曾提到，杨家的传人都会练习静坐。静坐的目的，是让我们思绪安静下来后产生觉知力，能够对身心内外一切的变化有一个清晰而深刻的认识。

比如，觉察自己物质身体层面，眉头有没有放松，颈肩是不是紧张，气血通不通畅，卡在哪里，是虚还是实。觉察自己精神层面的心理活动，如情绪上是否有过度波动，念头是不是一个接着一个生起，等等。

静定刚开始培养的是人的专注力，是一种定力，也称为心力。心力增强了，自我把控的能力就会增强。人如果常常被情绪带跑，不能把控，就是典型心力不足的表现。心力是可以训练的，可称为健心，但在我们现代教育中缺少了这一块。人人都听说过健身，却很少听到健心。健身和健心的道理很简单，就是需要我们持续做一件事情。像我们去健身房想要锻炼某一组肌肉群时，无非是持续不断地反复去锻炼。健心也是如此，持续让我们的精神专注在某一处，古代叫"心一境性"，让我们的心和对境融合为一。当中不昏沉也不散乱，非常专心一致。

我在中医临床中发现，很多病人身体太虚弱，气血不足，尤其精神涣散。碰到这样的状况，就需要病人配合进行静定的练习，让神能稳定下来，气血得以整合，才能达到良好的治疗效果。

在身体健康方面，通过静定可以整合散乱的气血能量，从而滋养身体。通俗一点，也可以说能够通过静定补充身体的能量，类似于给人体充电。

一个健康的人是能动能静的，静可以让人随时处于一个能量稳定的状态，动则可以疏通气机。如果自己对物质和精神这两个层面都有清晰深刻的了解，并且通过静定的练习有了自我把控的能力，就可以整合气血能量，随时调整自己，达到一个相对平衡和和谐的状态，这样身心才会健康。

对于初学静坐的人，特别推荐端坐的方法，古人称之为"正襟危坐"。不太推荐初学者进行盘腿坐的练习。因为很多人本身下肢经络不够畅通，又没有前期的拉筋和打开关节的训练，贸然盘腿反而有可能使得下肢经络堵塞更加厉害，对身体产生不好的影响，导致一系列疾病的出现。比如，因为足阳明胃经被压住导致消化不良，或者因为腹部以下部位气机不畅，女性出现月经不调等妇科问题，更严重的还可能造成崩漏或子宫下垂。男性出现前列腺问题，甚至便秘都有可能发生。

如果要练习盘腿静坐，需要有打开关节和拉筋的一系列训练。

对大部分人来说，采取正襟危坐的端坐法更加合适。况且，真正的静坐不在于坐的姿势，更在于心法。关键是如何静心，怎么培养出好的觉知力。

示范：端坐正面　　　　　　　　　　示范：端坐侧面

调身

首先，找到合适的凳子，凳子的高度应该是坐下去以后，胯部比膝盖高一点。如果觉得坐得不舒服，也可以垫一个薄的垫子。

坐在凳子前三分之一处，双腿分开与肩同宽，自然下垂，轻轻踏在地面上。手自然放在大腿上，脊柱挺直，头容正直，两肩松开，保持身体中正，舌抵上腭。

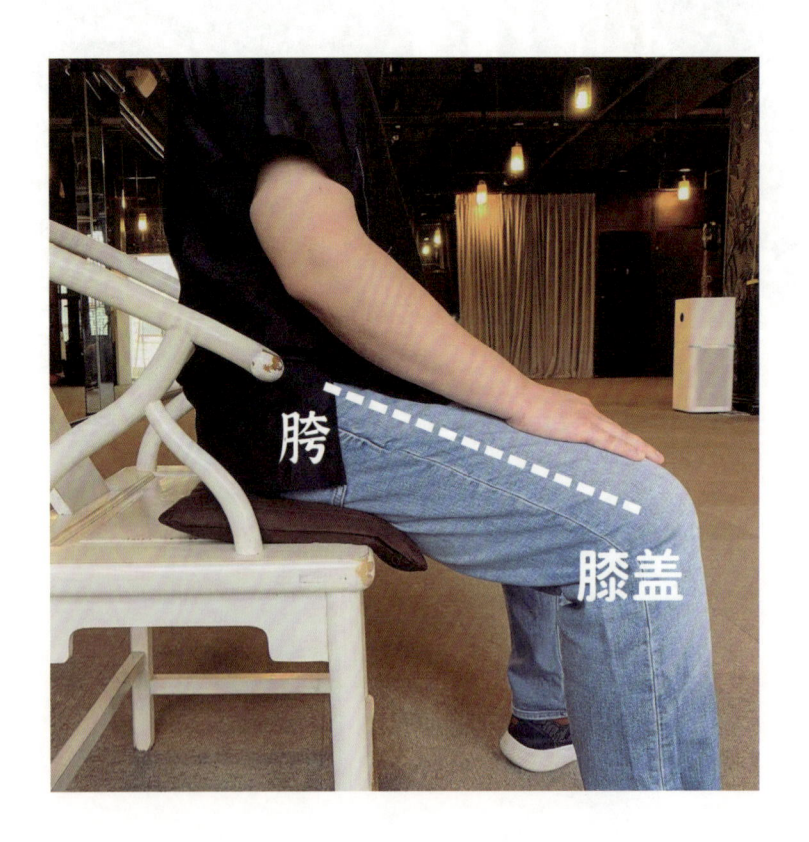

初学时可以把眼睛闭起来，等慢慢习惯后再尝试睁开眼睛。逐渐做到眼睛无论是闭合还是睁开，都能够进入一个很安静的状态。另外要注意的是，无论是睁眼还是闭眼，目光都要平视。

调息

调息之前先放松全身，去感觉小腹部，慢慢感觉到随着呼吸小腹部也在一起一伏。采取自然呼吸法，吸气的时候肚子自然鼓起来，吐气的时候肚子自然瘪下去，通过这个方法，呼吸会逐渐变得细、慢、长。

调心

调心的过程中，会看到自己的心理变化，看到自己的起心动念。我们要做的只是清晰地知道，而不需要有把它去掉的想法，杂念自然会随着练习的逐步深入而逐渐减少。静坐的时候只是安安静静地坐着，不需要追求任何的境界。

● 静坐注意事项：

静坐时间：
没有特殊的时间限制，无论白天、中午、晚上都可以。不过静坐最好的时间段是在早晨醒来以后或睡觉之前。白天如果有时间也可以。如果对静坐已经比较熟练，也可以在坐公交、地铁的时候坐一下。

吃完饭后尽量先走一走，消消食，不要马上静坐。

初学者每天可以从坐 10 分钟起步，有空的话一天两三次，逐渐根据情况增加练习时间。

静坐场所：
找一个比较安静的空气流通的地方，光线不要太强烈，不要吹风。

衣服穿着：
坐的时候最好披一个披肩，也可以用毯子把膝盖盖一下。尽量穿宽松的衣服，脚如果是踩在地板上的话，尽量穿上鞋和袜子，不要光脚踩在凉的地面上，避免寒气从脚底进入。

如果坚持静坐练习，会发现专注力增强，情绪越来越稳定，精神也会变好，会对人体的身心带来极大的益处。

3. 静坐和站桩的不同在哪里

讲了站桩和静坐，一些朋友会问这两种方法有什么不同，自己应该练哪一个呢？

首先，要明白站桩和静坐都是练习静与定的方式，静定功夫存在于行住坐卧中。静坐是行住坐卧的坐，站桩是行住坐卧的住。共同点是这两种练习方法都是偏静态的。

在行住坐卧的四种身体状态中，人在安静的时候通常会选择坐下或者站立不动。卧当然也是静态，但躺的姿势身体会习惯性进入睡眠状态，容易昏沉，所以在练习静定初期一般比较少采用。行是动态的，对于初学而言，在行走中体会静定的状态也会相对难一些。所以对于初期练习静定而言，坐和站是常用姿势，更容易让人进入静定的状态。

其次，站桩和静坐没有高低之分，而是要适合自己。有些人适合从静坐开始，而有些人适合从站桩进入。静定的练习包括两个层面，一是心理层面，二是身体层面。对于身心变化的影响，两者是有一些细致区别的。

在练习初期，静坐对于修心会更有帮助作用。人们日常习惯坐的姿势，身体会容易放松下来进入静定状态，也就能更好地观察自己的起心动念。而站桩的难度要比静坐更高一些，站立需要一定的腿部力量和技巧。一开始一动不动地站着，大部分人会腿酸，甚至抖动，这种身体的不适反应会引起心理波动，让人无法长时间站立，也不容易进入静定的状态。

但从身体锻炼的层面而言，站桩比静坐的功效要大。站桩可以清晰发现身体的堵塞点，疏通经络，对身体健康的改善非常有帮助。站桩的时候四肢处于直立或微微弯曲的状态，能量的流动会更顺畅，还可以同时训练到下肢的力量，从而能有效地疏通身体，充盈气血。而静坐时重量落在腰部和臀部，尤其采用盘腿的姿势，双腿的弯曲度比较大，下肢的气脉不容易通开，且静坐后容易双腿麻木发胀，所以在初始阶段比较难感觉到身体健康的改善。

因为两者的侧重有不同，大家可以根据自身情况灵活运用。千万不要陷入单一的认知模式，认为静坐或站桩只取一种就能解决一切问题。事实是，我们需要通过静坐和站桩入门来体会身与心的改变，最终发展到在行住坐卧任何身体状态中都能体会到静定的状态。

最后，做一些特别提醒。对于身体偏虚弱，或者有严重骨刺、膝盖受过伤、站立比较困难的人群，建议先从静坐开始，尤其推荐正襟危坐的端坐法。先通过静态的方式整合气血，让下元之气更加充足。当气整合回来不耗散以后，再尝试站桩的方式。

对于烦躁不安、注意力集中不了的人，需要先静心，也可以从静坐开始。

如果一个人身体底子还不错，只是因为气血不流通影响到身体，那么建议从站桩开始。站桩对于身体层面的气血畅通比静坐来得更有帮助。

如果下肢经络不通畅，平日久坐，腰腹部瘀堵的人群，建议将静坐和站桩结合起来练习，不要停留在一个方法上。一天之内，可以在醒来和睡前进行静坐，

白天任何时间都可以进行站桩。

静坐和站桩是相辅相成的关系，正如身心不二，本来就是一体。千万不要因为对某一个方法有良好的感受而排斥其他的方法。如果采用某一个方法暂时没有获得帮助和效果，可以随时调整，采用新的方法，慢慢有了更深刻的体会后，再回到之前的方式里寻找感觉。

有一点需要强调的是，如果真正想从静定中获益，锻炼和功夫必须和生活打成一片，要在行住坐卧中用出来，能时刻保持静定的状态。

若离开锻炼方式回到生活里，还是旧有的习惯，这样即便静定的训练有效果，也只是短期的，不能稳定就很难起到根本性作用。任何功夫最终都要能融入生活。

二、太极拳架的练习

1. 太极拳架的练习

太极拳架是以往前辈们创造出来的符合太极之理的训练方法，它是一种工具，让我们知道在搏击里如何进行攻击和防守。传统杨氏太极拳有85或者88式，但实际上只有37式，因为许多动作是重复的。

这些动作都是训练攻防的方法，"攻"即是通过手脚的打法、摔法和擒拿法来达到进攻的效果，"防"是通过身体各种调整来化解对方的力量。但这种攻防的动作需要被赋予力量，这种力量就是我们所称的"势"。无论什么动作，都需要体现势能的运用方式。整体来说一共有十三种势能。

"势"是一种能量在动态当中的表达。一切事物的形成和发生，都跟能量有关系。对于势，《孙子兵法·势篇》里说，"转圆石于千仞之山"，石头能够伤人，但如果这块石头稳稳地待在地上，它就不具备这个势能，也无法伤人。一旦这块石头被从高处抛落下来，就具备巨大的杀伤力了。

我们讲十三种势能之前，需要先理解中国哲学里讲到的五行：木、火、土、金、水。

1. 掤：代表五行里像火的能量，是外有而中空的一种表现。

掤

2. 捋：代表金的能量，是像熔金的能量流动状态。

捋

3. 挤：属于木的能量，有如一棵树苗正要破土而出的能量状态。

4. 按：代表水的力量，如同波浪或海啸的力量。

按

5. 中定：是一种土的力量，代表稳定的势能状态，贯穿在每一个势中，也就是前述的浩然之气。

接下来的八种势能和身体的动作有直接关系，可以和五行相配合：

6. 採：是一种拉动的力量。

7. 挒：是一种横向运动的力量，就如同巴掌打过去的方向。

8. 肘：用手肘攻击的力量。

肘

9. 靠：用肩膀或背部来攻打的力量。

10. 左顾：是一种往左边看的能量运动。

11. 右盼：是一种往右边看的能量运动。

12. 前进：是往前迈进的力量。

13. 后退：是往后退的力量。

太极拳前辈们总结出了这十三种势能运动，而且是根据五行而来的，但每一种势能不见得单一出现，可以是复合的。所以，我们不要局限在这十三种势能里，因为它们千变万化。前辈们以五行这种方式来比喻，只是为了让我们更容易理解。

我们在学习站桩的同时，就可以开始练拳架。拳架的学习需要一定的时间，因为它有88式。等到我们熟练了88式后，下一步就可把站桩时训练而得的相应力融合到拳架里，赋予它内涵。再者，当我们学完推手和搏击后，也要在拳架中把假想敌加进去。

拳架是一种动态的运动，站桩的要领同时也是拳架的要领，除此之外，还要注意下面四点：

1. 打拳架时，一定要用"意"来带动整体的运行，所谓"用意不用力"，而不能用后天的拙力。两者的区别在于：前者是一个柔和、绵绵不断的力量表达。后者是一种令肌肉僵硬且断断续续的力量。其中，我们会发现，练完前者后，内心会非常平和、呼吸非常自然，后者则令我们呼吸急速，血管怒张。

2. 在练拳架里，要注意到身体活动的整体性，因为我们练的是相应。其意义代表某一部位动了，其他部位也要随之而动。

3. 动作是由我们的神和形体两者结合而完成的。在练拳的过程中，一定要让这两者高度配合，也就是说，当我们练习时，我们的神不能想别的事，而是要专注在身体和空间上。

4. 当我们感觉到拳架是一种势能的运动时，就会有"水"的感觉。身体的任何部位都不会有卡点。所有的动作就像水不息地流动，好比水从高山上流下来，方式可有所不同，时而往下、时而往左、往右或回旋，但是永远不会停留，也不会断断续续。

2. 如何练功才不会落入自己的幻想里

自己所经历过的感受才是真实可信的，也是传统文化所提倡的功夫上身。

孟子说"有诸己之谓信"，意思是身体正面的变化才能让我们产生真正的信心。过程中必然会出现松、通透、乐观、开阔、愉悦等身心变化。

这一种体验在佛家叫"现量"（量指的是量度，引申为认知的活动），如实地离开各种概念，呈现对身心的正确认知。现量的前提是安静，内心没有情绪的波动，如池子里的水没有涟漪，就能如实地照出事物原本的样子。只有这样，才能让我们不落在幻想和猜测中，练功才能进步。

现量是在练功中推崇的，与之相对的是比量和非量。比量是比较于量度，通过头脑去推断与思考，大多基于后天的经验，或者书本上获得的知识。头脑是无法让我们直接获得经验的，它是基于推断，甚至可能推断错误，这样就不可能有功夫上身一说。

当然，比量也是一个前期的过程，整个练功的过程可以归纳为闻、思和修三部曲，我们不能只是停留在闻和思的阶段，光说不练。要实际行动起来，在修的过程中知行合一。

第三个更是要不得的，就是非量，对事物产生不正确的认知，落入自己的臆想里，误以为自己达到了某个境界，产生了某种奇迹。这个是练功的人尤其要当心的。要时时觉察自己，练功有没有落到"非量"里面。认知不正确，盲修瞎练，导致自欺欺人，非但产生不了实际效用，甚至还会引起身体和精神的诸多问题。

为什么要一直推崇太极拳，就是因为通过学习太极拳，能够直接体验到客观和真实的状态，还可以把这种状态应用出来，获得一种真实的力量。这个力量被称为是转化的力量。

太极拳讲究一个"化"字，练习在遇到压力的时候，如何将压力化为零。世间万物，无时无刻不在变化中，从不健康到健康，从贫穷到富有，从烦恼到自在。这一切的发生，都因为有转化才得以实现。练功要练的就是这个转化的力量，除此无他。

動中光靜

所以，若是转化不了，说明还有欠缺，还有臆想存在。这种练习过程是非常真实的，有就是有，没有就是没有，丝毫作不得假，骗不了自己。

"冥想"是不是"非量"？这要看我们对冥想的定义。如果冥想是通过静定的训练，像儒家说的"知止而后有定，定而后能静，静而后能安，安而后能虑，虑而后能得"，那么就不会落在非量里面。

太极拳的练习，都是现量的境界，不容易落在非量里面，这取决于它系统的练习方式。讲白了，太极拳就是一种静定的练习，也可以称为"动中禅"，只是把对象放在我们的身体和动作上面，让我们不会杂念纷飞，逐渐地安静下来，观察身体的变化。

比如，练习的时候，去觉知自己"太极拳十要"是不是做到位了，如果到位了，身体就处在了一个平衡且均匀的状态，自然带出来和空间的联结。所以说觉知最重要，要在静定的基础上才能做到。如果没有定，心不静，神又散，能觉知到的也是很粗浅的，无论和自己的身体还是外部的空间都不能产生深度的联结。

三、详解身法中的要领

1. 身法第一要领之虚领顶劲

关于太极拳练习的身法要领,在王宗岳的《太极拳论》中只提到两个,一个是虚领顶劲,另一个是气沉丹田。通过杨家几代人的不断研究和细致化,传到杨澄甫的时候,对其他身体的部位和行拳的要领进行了更细的论述,才有了"太极拳十要",分别为虚领顶劲、含胸拔背、松腰、分虚实、沉肩坠肘、用意不用力、上下相随、内外相合、相连不断、动中求静。

我们先讲第一个要领,虚领顶劲。太极即是阴阳,一阴一阳之谓道。所谓道,可以说是一种合理的法则,如果我们要健康,或者要把拳练好,必须合乎太极这个法则,即阴阳虚实的平衡。任何违背这个道理的,都代表不自然、不合理,甚至不健康,容易出偏差。

很多人都知道练太极拳要放松,放松这个词本身没有问题,但是按照现在人的一般理解,一说放松,容易变成松懈或懈怠,身体软塌塌窝着,这样反而形成很多结,能量不能流通。

就太极而言，要做到真正的放松，中正是前提，再把身体每一个部位均匀地松开，就好像一只紧握着拳头的手慢慢放开的感觉，这样整个人会有一种沉稳感，这种沉稳感甚至可以一直延伸到脚下。这种既中正又放松的状态，才是人体最合乎自然规律的时候。

"太极拳十要"里的第一个要领，也是最重要的"虚领顶劲"，就是我们整个人要非常轻灵，精神提起来打。太极拳里人不是压下去的，马步不是僵硬的，需要提起来，让神能够灌注到头顶百会上。杨健侯有一个口诀："轻则灵，灵则动，动则变，变则化。"这个怎么做到呢？就是从虚领顶劲开始的。

在人的体态和气机运动中，首先要注意的是升降。太极拳中的气机升降和现在的体态学，或者中医讲健康人的气机运动是相吻合的。尤其是中医讲到气机，无非是升降出入，当一个人的气机处在正常状态下，就是阴阳最调和的时候。此时，五脏六腑可以正常运作，各司其职，否则气机就会逆乱，不仅影响身体的功能，甚至对精神的稳定性也有影响。所以气机的升降出入正常了，人自然会处于精神稳定杂念少的状态。

虚领顶劲，是一种升发的力量，也代表一种阳气，表示气机能升提，古代的论述里也会形容为督脉要通畅，太极拳里也提到"神通于背"。作为一个活生生的人，阳气对我们来说尤其重要。《黄帝内经》提道："阳气者，若天与日，失其所，则折寿而不彰。"阳气像天空和太阳一样，它是一个生命现象，人活着，要保有阳气生发的能量。

人体无非是阴阳的平衡，但是作为一个活的人，阳气是占主导性的，《黄帝内经》中有一句话叫"阳主阴从"。阳是主导，阴是随从，阳走在前面，阴走在后面。太极拳前辈也体会到这一点，人体一定要有这一股流动的阳性能量在。

所以第一个要领就是虚领顶劲，先要有往上的力量，有一股生发的阳气。做到这一点，那么在练功、生活当中就能够保持身体的阳气，对人体的流动性也起到推动的作用。现在很多人坐不端，站不直，其实是阳气弱了，生发不了。你看两三岁的小朋友，背都是直的，很少歪斜，为什么？因为阳气生发得够。

能提起，才能真的放下，这种放下也是放松的意思，把任何形体僵硬的部位松开，让气机上浮的情况降下来，这种降下来的力量称之为气沉丹田。

"虚"，代表意念要用得轻，千万不能重，一重就变实了，气机也会上浮。站桩、练拳的时候，我们只需要用意念轻轻一带，甚至只要一个提醒就好了。

虛領頂勁

意念不能重，一重，心就会变粗变笨。好比收音机调频道，要很轻，恰到好处，最清晰的频道才会出来。

"领"，在意念上轻轻地拎一下，可以想象从头顶百会穴上有一根丝线把我们往上拎起。这种感觉就好像木偶，从头顶往上牵引木偶才会站起来。这时整体被拉伸，才会做到中正放松的体态，让阳气得以生发。

"顶劲"，也可以想象自己的头整个劲往上顶，往天上顶，但是顶的时候不是僵硬的，它是意念。"拙则为力，柔则为劲""力由于骨，劲由于筋"，用一种柔和的力量，通过头顶往天这个方向引一引，也可以达到中正的目的。

通过虚领顶劲，人从头到脚就能拔起或者拉开，这个是能够松的关键。做不到虚领顶劲，其他所有的要领都不可能做到，松也是达不到的。

这个虚领顶劲不只是在太极拳里面会发生，在生活中也能够体会，甚至有一些动物也有这个状态。比如，当我们非常无聊的时候，突然间听到一个很好听的音乐或者是看到很好看的一幅画，整个人把精神提起来的时候，其实就是虚领顶劲的状态。动物界里有些比较弱的动物，鹿或者是兔子，当它吃东西的时候我们会看到它整个耳朵是竖起来的，都是在关注四周发生的事情，警觉防备着一些猛兽或者吃它们的一些动物，这个时候一旦它们听到身边有什么声音出现了，马上头会抬起来，环顾四周，看看身边有什么危机出现，这也是动物的一个虚领顶劲的状态。

我们怎么知道有没有做到虚领顶劲的状态呢？就是做到恰到好处的时候，人的精神会变得清明。清明是针对昏沉而言。这个就是杨澄甫宗师提到的，"顶劲者，头容正直，神贯于顶也"。再者，也会感觉到背自然挺拔，但是挺而不僵，有种神气流通于背的感受。因为拥有了这种往上提升的力量，会感觉到脚下有轻灵之感。这种感觉其实每个人都体验过，比如，当休息得好，天气又舒适，也没有烦心事的时候，我们走在外面，就会有这种轻灵的感受。这代表阳气生发得好，前辈会形容如脚踏虚空。

在临床上，我经常帮人调整脊柱，如果脊柱错位，气机不畅，气就很难通到头部。脊柱调正后，气也能灌到头顶上，那么大脑就能被气血滋养到，脑部有了气血的推动，新陈代谢良好，脑血管也不容易堵塞，人的思维也会更加清晰，人会变得更加灵光一些。就像在家里面，打开窗户，有阳光的照射，家里就不会有很重的湿气，如果房间里没有阳光照射，整个环境就会比较腻，湿气重，也容易发霉。房间有没有阳光照射是不一样的，大脑有没有阳气的输入也是不一样的。医学中有一种疾病称为"脑雾"，脑雾不是一个正式的医学名词，但是很形象，阳气不足的时候，大脑好像被大雾弥漫，思维不够清晰。

老话说，"行如风，站如松，坐如钟"，就是因为有虚领顶劲，人才会又中正又轻灵。不管是养生、搏击或者是个人的修养功夫层面，做到虚领顶劲是后续气质变化的重要开端。

2. 容易误解的含胸拔背

"太极拳十要"的前五个要领，主要讲的是对身法结构上的要求，从上至下再到两侧：虚领顶劲、含胸拔背、松腰、分虚实、沉肩坠肘。"太极拳十要"的顺序是有讲究的，不是随意写的，在练习的时候一定要注意顺序。

首要的要领是虚领顶劲，其他所有的要领都要在虚领顶劲的前提下完成。做到虚领顶劲产生轻灵的感觉以后，还要做到气沉丹田，让整个人的气自然下沉，有一个沉稳的感觉。要感到整个气是往丹田里整合的，很充实。那要怎么做到呢？其实就是通过含胸拔背。

杨澄甫宗师教授含胸拔背的时候提到，如果做到胸部含藏，气就不会拥堵在胸口，而是沉于丹田，否则就会上重下轻，马步不沉稳。谈到拔背的时候，说整个气能顺着督脉贴背而上，就是太极拳"十六关要"中提到的"神通于背"。有了含胸的基础，气从督脉上，可从任脉下，这样在运拳时就能周而复始，循环不息。

含胸拔背在练拳的时候，对任督二脉的循环起到决定性的帮助，我们也可以把这个作为小周天来理解。纵向的气机被打通，对四肢末梢各方面的气的流通性会有帮助，也可以理解为能运化大周天。所谓的大小周天的概念，无非是一种概念和形容而已，目的是让我们明白人体中气机的运行需要通畅，只要做到通畅，这样的概念可有可无。

从养生的角度来说，无论是练拳、静坐、站桩，都需要做到含胸拔背，这样的话，气机才能沉于丹田，不至于因为气拥堵在胸膈而导致下丹田之气被淘空。从人体的体态学来说，当我们运动、做事的时候也要保持含胸拔背，这样就不至于让背窝着，避免了很多心肺甚至脾胃的问题发生。

所以，含胸拔背是第二重要的内容，不仅是在太极拳里谈到，在其他门派和拳术中也有这样的要领。但同时，它也是在练拳中被很多人误解的一个要领。问题出在哪里呢？出在字面的意思。很多人认为"含"是把胸部往里陷进去，有点像现在讲的一个人圆肩塌胸的状态。他们认为圆肩塌胸出现的窝背叫拔背。这种理解是完全错误的。

这里有一个故事，是杨氏太极拳第四代传人陈微明先生的弟子林炳尧先生，在回答学生提问"我们应该看哪些太极拳方面的书"时说到的：

"书可以看，主要看人家的锻炼方法、体会，但是不要过多迷信书本，太极拳中有许多方面是书本写不清楚的。"

"我的老师陈微明先生（杨氏太极拳第四代传人，杨澄甫弟子）在整理杨氏太极拳十要时有'含胸拔背'之说，但他在教授我时，用的是'舒胸顺背'，与'含胸拔背'恰恰相反，微明老师亲口告诉我，书本上写错了。所以，太极拳的有些东西，书本上没有，要靠口述心传，而且大部分要自己练，从中获得体会。"

这里提到胸背的要领，用的是"舒胸顺背"，这样我们就更加容易理解。实际上两种说法都是可以的。把两者合起来看，会很容易明白。

错误的"含胸拔背"：挺胸

太极拳的根本目标，是要达到身体均匀的状态。因此在做所有的要领之前，如果有这个目标作为前提，就不容易走偏。所谓含胸代表含藏，胸部需要含藏起来不能外凸。

但是另一方面，切记不能陷胸，胸部内陷，会导致胸口僵硬，久而久之会出现胸闷心慌甚至咳嗽气喘的症状。

错误的"含胸拔背"：陷胸

胸部应该是舒张地张开，没有任何僵硬和局部用力的硬点。我们自身要感觉到整个气机是顺畅的，这就是舒胸的表现。

正确的"含胸拔背"：舒胸

一旦你的胸有挺起来的感觉，或者有陷进去的感觉，那是你含胸没有做到。含胸就是一个非常放松的时候，整个胸部都是虚的，它不陷进去也不挺起来，非常放松，也可以说是不丢不顶。

我们也可以换一种说法来更好地理解含胸的状态，"含"也可以理解成包涵，有包容的意思，当你对周围的一切有一种非常豁达、心胸广阔的包容之感，胸部的气机自然会顺畅，没有瘀结。

当做到含胸以后，背自然是挺拔的，这个挺拔也是让整个脊柱感觉是有力量的，这个力量不是一个非常硬的感觉，能摸到脊柱旁边的肌肉很放松，脊柱提拔有力，这个才是真正的拔背，当然是挺而不僵的状态。在练拳的时候，劲就不容易卡在胸部或背部，没有了卡顿，慢慢会感觉到整个人和整体的空间会有一种相应的感受，感觉到整体的劲的流动，你会发现你四肢的力量、你所有的力量都是从脊背发出的，即所谓的"力由脊发"。

通过含胸拔背，最后所形成的力量是一个整体的力量。就能在一进一退中神气不瘪，可以化解对方的力量，做到太极拳讲的以神走、以气化。因此，含胸拔背是自然、不造作的。可以观察一下身体健康的三四岁幼儿，感受下天然的挺拔，开放的精气神，活泼泼的生机。那是我们要达到的"含胸拔背"的状态。

3. 能让气降下来的沉肩坠肘

在教学中，看到大家练习太极拳最容易犯的错误会出现在手上。主要原因是手的主动性太强。在拳术当中，手是不能妄动的，一动必须和身体进行整体的配合。而一般人手的自主性太强，容易脱离身体单独运动而分散整体的力量。因此，沉肩坠肘在协调身体力量的整体性上起到了非常重要的作用。

正确的沉肩坠肘

就拳术而言，我们可以先治标再治本，从手部开始，先从浅层来解决问题。当然对于尚处在初级学习阶段的人来说，由于不懂整体的技巧方法，会出现过

错误：肩肘端着，不够放松

渡阶段人为意识的参与，往往着眼于把动作摆正、把姿势学好看。这个也是学习的必经阶段，是正常的。

而对于有一定经验的练习者来说，手部最容易出现的问题是手的动作会僵硬固化，导致整体的力量流动是受阻碍的。所以无论是哪个武术门派，很多前辈都会反复强调沉肩坠肘。

什么是沉肩坠肘？沉肩坠肘是让双臂处于完全松开状态的要求。正如杨澄甫宗师说的"沉肩者，肩松开下垂也。若不能松垂，两肩端起，则气亦随之而上，全身皆不得力矣。坠肘者，肘往下松垂之意，肘若悬起，则肩不能沉，放人不远，

127

近于外家之断劲矣"。

沉肩坠肘可以说是一个比较难的要领，不容易做到，也不容易察觉到。做不到的时候，手、肩、背和胸部有不同的僵硬点出现，打拳的时候整个力量的流动性是被阻碍的。如果训练不得法，会越练越不对劲儿，越练越僵硬，有可能出现拳打得越多，越发觉整个背部都不舒服，甚至胸闷气短。

因此，在沉肩坠肘的练习中，我们要从浅到深逐步松开，直至出现一个"不架、不端"的身体感受。这种感受说起来比较抽象难懂，下面尝试用比喻来说得形象具体点。

很多时候我们会落入一个模式，就是越执着地想学拳的一招一式，越容易在拳里面出现违背沉肩坠肘的情况，反而在日常生活中会很自然地做到沉肩坠肘。比如，我们在放松的状态下开车，手握方向盘的时候就是沉肩坠肘的。或者看到厨师切菜的时候，也能够很好地应用这个道理，整个切菜过程非常灵活快速。

太极拳祖师乐亶曾言："常见穿弄堂磨剪刀者乎！弓腰垂肘而有力，其即太极劲也。再如老屠割肉，好手作画，功夫到家，熟则生巧，其于一刀一笔之间，莫不合于太极之妙理，虽其茫不自觉，且不能扩而充之，而于日用之间，确能实受其惠焉，是故太极劲者无他，熟练规矩，则水到渠成。"可见，生活中无处不是这种表现，只是百姓日用而不知罢了！

因此，在练拳的时候，不妨琢磨一下，想象开车、切菜的动作和姿势，你会发现能更容易找到沉肩坠肘的状态。不只是在练拳，如果在生活中也学会沉肩坠肘，对我们的健康会大有裨益。

大道与生活密不可分。懂得了沉肩坠肘的道理后，我们就会觉察到生活中做很多事情都会架着身体，尤其在用手机电脑的时候。这些不良姿势会慢慢造成身体的紧张，直到出现各种身体的疾病。所以疾病大部分来自不正确的生活习惯。

从一个健康的人的神气上来说，精神要能提得起来，但是气需要沉得下去，清气才能上升，浊气就会下降。如果我们能够把在太极拳中学到的道理应用到生活中，时刻保持放松，体会什么是不让肩膀端着身体架着，我们就能够让身体气机不再往上浮而可以沉下来。

如果气一直浮在上面，就会先出现上半身的各种不适，如头晕头痛，眼压过高，眼睛干涩，或者高血压等一些情况，久而久之，会出现下半身甚至全身的不适，原因是由于气机终日浮游在上方。现在有一个非常普遍的现象，很多人的身体容易疲倦，精力不足，这个都是因为我们在生活工作中过度紧张，尤其在上半身，把下元之气都一步一步淘空了，导致上实下虚的状况。

当我们能够放松下来做到沉肩坠肘，气就能够往下降，下元之气渐渐就能保持甚至得到补充，气机上浮的现象就会一步步被改善。所以，从练拳到生活再到养生，如果真的明白沉肩坠肘的含义，就能对我们的身体健康有一个更深刻的感受。

4. 松腰，开启人体的核心力量

腰，是成就太极拳功夫的奥秘所在。在以往的武林里流行着一句话："太极腰、八卦步。"说明太极拳的功夫在腰，八卦掌的功夫在步法。其实不光是太极拳，众多功法对"腰"这一点都极为重视。

但是如何练腰？如果师父不把它点破的话，靠自己真的很难领悟到。主要原因是这种练功也是生命的体悟，会聚了历代传承者的心血结晶，有些东西"只能意会，不能言传"，个中细节只能靠心与心和手把手的传授。

"太极拳十要"：松腰，腰为一身之主宰，能松腰然后两足有力，下盘稳固。虚实变化皆由腰转动，故曰"命意源头在腰隙"，有不得力必于腰腿求之也。

回想起来，我和"腰"还挺有缘。人生中第一次知道"腰"的重要性还是从南怀瑾老师那儿学到的。南老师在"南禅七日"视频里讲述了一个故事，当时南老师二十六岁，大概是一九四四年，在成都，经常拜访各路大师。有一次在路上碰到颇具盛名的大愚法师，据南老师说这位法师有神通。既然在路上碰到了，就请法师去喝茶，趁这个难得的机会，南老师就向他请教问题。法师说："我告诉你，我现在什么都不用功。我只告诉你一句话，你记住啊，屁股上面第七节那个骨头特别注意。"南老师说："什么？你说我将来会得腰病啊？"法师说："不是，你将来会知道的。"

日后，南老师在修持时特别关注这个细节，给他带来了很大突破。其实，法师所形容的第七节骨就是"命门"这一点，我从中医里找到了依据。在明代医家张景岳著述的《类经》里有一段话："人之脊共二十一节，自上而下当十四节之间，自下而上为第七节。其两旁者，乃肾俞穴，其中则为命门外俞也，人生以阳气为本，阳在上者谓之君火，君火在心；阳在下者，谓之相火，相火在命门，皆真阳之所在也，故曰'七节之旁，中有小心'。"

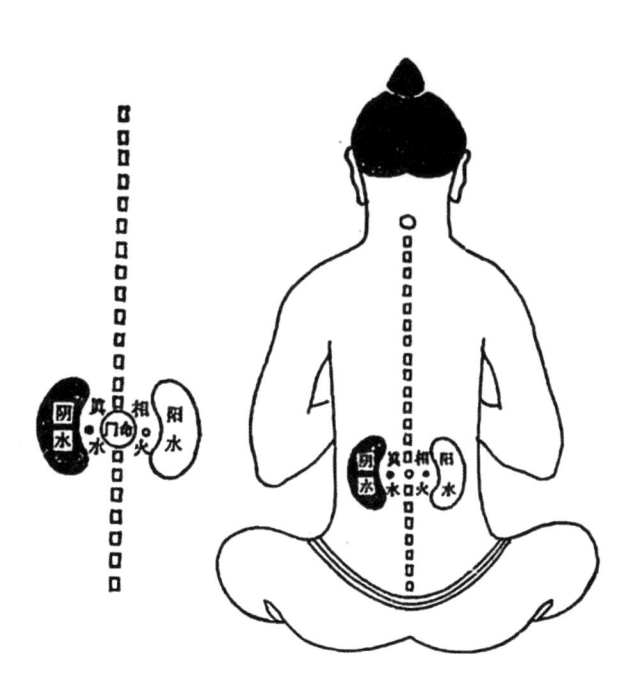

此段话解释了命门的重要性，是阳气在下部的体现，肾间动气和真阳所在的地方。

真阳，也称为"元阳"或"肾阳"，是先天之真火。总而言之，是人体最核心、最根本的能量。像《难经·八难》所说："所谓生气之原者，谓十二经之根本也，谓肾间动气也，此五脏六腑之本，十二经脉之根，呼吸之门，三焦之原。"

所谓的腰就是命门这个部位，而不是普遍认为的腰围这一圈。从太极拳来说，腰是一身的主宰，是人体核心力量所在。命门从字面上来看，代表生命之门户，所以当这一点启动，所发动的能量和功用是巨大的。要做到的话，这个点必须松开，能量才会源源不断。就是太极拳要领里说的"松腰"。

我会留意其他的一些运动方式，看他们的腰力是如何体现的。比如，我很喜欢篮球，特别爱看NBA比赛，滞空能力高的球员，我们会说是腰力好。像最近就有一个美国篮球新秀叫莫兰特，能在空中做出多种高难度动作，滞空能力很强，人们称他为"腰王"，就是其强大的核心力量，才能让他在空中保持控制力。我也发现所有的好运动员，无论在什么项目里，腰力都非常好。

在杨家太极拳中特别重视腰的力量，尤其是我们这一脉传承的乐奂之祖师也特别强调这一点，这里跟大家分享几句他的语录：

"能挺腰等于一天到晚练拳。

"行坐腰中带点劲，古时候读书人，坐着身体就不错了，腰的力量大得不可思议。

"练我的太极拳，腰正不怕邪。"

松腰的前提是人要中正，腰要挺。这个前提，也就是前面几篇提到的"太极拳十要"的前两个要点，练习的时候，顺序不能忽略。

无论从健康还是练功的角度来说，可以经常摸一下自己的后腰，看是松还是紧。健康的腰是松、柔、有弹性的。很多人的腰往往像铁板一样硬，生命之门被封锁住了，这样的人容易出现健康问题，生命力下降得快。还有触摸一下腰部是暖和还是冰冷的。温度偏低，说明气机也被锁住了，这种情况多见于消耗过度的人。

在太极拳的训练中，时时刻刻都提醒我们"腰"的重要性，要学会松腰，可见这是多么幸运的事情。

现在有人提倡练功要凸命门，这个不建议。因为往后凸，首先是不自然，继而造成紧张，生命之门就打不开了，气机就运化不起来。我们知道，正常的腰椎有一个自然生理弧度，一旦加入过多人为的意识，用力去凸命门（这里讲到的凸命门，不是往肚脐前面这个方向凸，是指往后凸，有点拱腰的意思），强行让整个脊柱的形态产生改变，可能会导致腰椎的生理弧度发生偏歪，甚至会变直。而腰椎形态的改变破坏了整体的均匀感，会导致气脉不通畅，自然也不能够做到天人合一。

那么站桩的时候，命门这一区域应该是怎么样的一个姿势呢？我认为不要只局限在"命门"这一点。我们要认识到整个腰部、骶髂关节、骶骨、尾骨，甚至到身体前侧的胯部，这整个区域相互之间都是有着紧密联系的，具有一体性。具体练习的时候，往往一处错，处处错。

从人体结构来说，腰胯包括尾闾这一区域是比较核心的部位。我们知道胎儿在母胎里面是通过脐带的连接，接受先天的精华，并到达肾脏的，所以肾是先天之本。内家拳练功非常重视核心的能量。太极拳前辈说："若有不得力处，必于腰腿求之。"如果感觉到有不得力的地方，也就是在运动当中感受到任何不顺、别扭的地方，必须从腰和腿上来找答案。

我们看看杨澄甫前辈对"松腰"的解释，"能松腰然后两足有力，下盘稳固"。做到松腰后，很重要的一个表现就是下盘稳固。这个道理很好明白，因为下肢的能量足了，下焦气也足了。而且不单气足，还会有力气。无论从马步的稳定度和踢腿的力度都能发挥超越常人的威力。

人体健康也是，当腰能松开，双腿的气血也会流通顺畅，可以调整下焦的疾病，如大便不通、小便失利、腰腿部痛麻胀等问题。从养生的角度来说是"大补元气"，往往药物都达不到这个效果。

所以，下盘的稳定度是这样出来的，而不是一般认为的蹲得越低越稳，双腿肌肉绷得越硬越稳。这样的马步一推就倒，徒有外表。

虚实变化皆由腰转动，故曰"命意源头在腰隙"，有不得力必于腰腿求之也。这里的虚实是针对脚下的变化而言的，也就是动态当中整个人重心的转移，比如迈步，一条腿是实的，另外一条腿变虚，然后虚的慢慢变实，像走路一样，在变化中保持下盘的稳固。这样的虚实变化也是由腰带动的，双腿就像挂在腰上，是联动的，而不只是双腿单独在动而已。这里要注意，转动不是指腰的旋转，而是指运化或带动。腿和腰一直是要连起来的，形成一个整体。这个时候步态就会很合理，不容易出现偏歪。不正确的走路姿势，关节会受力不均匀，尤其是膝关节和踝关节，很容易出问题。

所以走路也可以练功啊，如果人是提拔的，腰是松的，腿也放松，则气能够下沉到脚底，步履就能稳健，身体处于均匀平衡的状态，整个循环就非常顺畅，人自然也变得很健康。

命意源头在腰隙。命意是命令和主宰的意思。身体的动作都是由腰隙即是命门这个源头发出的。练功时要时时刻刻提醒自己这一点，修炼就能找到感觉。

以往太极拳的前辈说我们可以去开发腰的力量。他们做了这样一个比喻：初练的时候，就好像一棵小苗，以前叫三寸嫩芽，小小的很嫩的芽。但嫩芽可以长成参天大树，长得很高，很有力量，把力量完全绽放出来。

近十几年所有的运动方法也都强调开发腰腹的核心力量，虽然和太极拳不完全一样，但有异曲同工之妙。

我自己在练习过程中体验过这个神奇过程，感觉到腰能为主宰后，掌控范围还会慢慢地延伸，延伸到双手，继续延伸到双腿。这是让我大为震惊的，原来人的潜能可以开发到这样的地步。这个时候才知道，为什么以前的武林高手能练至"浑身是一家"和"一动无有不动"。腰为主帅，手脚如部队，古人诚不欺我也。

5. 圆裆松胯，稳定的下盘

拳术中，下盘功夫稳不稳当，是非常重要的。太极拳的训练中，对下盘的稳定性和灵活性非常讲究，大家耳熟能详的"圆裆松胯"就是做到稳定性的要领。

我们不要只局限在武术的观念里面，要从其他运动方法里找到相同之处。在篮球、羽毛球或者排球等体育项目中，同样都会对下盘的功夫有很高的要求。不然，下盘不稳定，重心不稳，或者把马步练死了，就失去了灵活性。一个稳定而灵活的马步对攻防是非常重要的。

太极拳也一样。"圆裆松胯"是前辈总结的要领，告诉我们如何获得下盘的稳定性。

胯是指哪个部位呢？就是骨盆、髋关节和腹股沟的位置。这是一个关卡，如果紧张会造成身体的堵塞。站桩、练拳的时候，这个部位要中正与松开，不能过度前倾和后移。

圆裆松胯

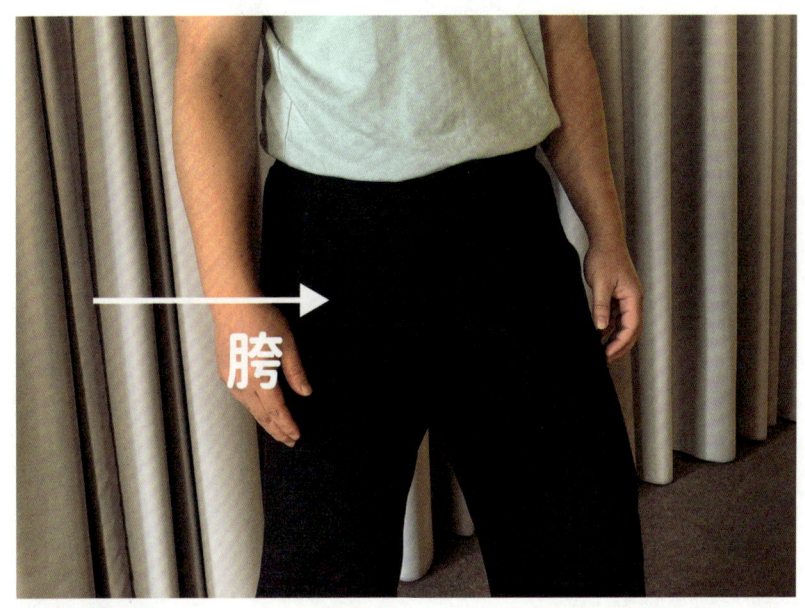

　　松胯的概念是什么？有一个很好的比喻叫"如坐高凳"。当我们想要往凳子上坐，有这个意念的时候，腿会自然一弯，在一刹那胯会自然松开，就是"松胯"。

　　所以"松胯"不一定要做一个蹲得很低的马步，它只是一个松开的感受，有时候甚至从外形上都不一定看得出来。胯一旦松开，人体的稳定性立马增加，腿也能松下来，更深入点讲，上半身的气也能更好地沉到脚下。

太极拳示范动作

"松胯"可以通过"圆裆"来实现,把膝盖微微张开,不需要很用力,只是稍微用点意念,微微往外,把膝盖和脚尖调整到一个方向,两腿之间的裆部自然会开,微微呈现圆弧状,这样下盘的稳定性得到了双重的保障。观察运动员,在打篮球打排球下马步的时候同样是开裆的。和开裆相反的叫夹裆,或尖裆,形容膝盖过度内扣或内翻,导致裆部塌陷夹紧,这样对下盘的稳定性是一种破坏。

做到松胯和开裆后,千万不要忘了虚领顶劲等要领,保持一个提拔的力量。

如此一来，我们能在稳定中保持平衡，又能做到下盘轻灵，步法变化万千。

在太极拳练习中，有很多人做不到"圆裆松胯"。究其原因有多方面。有的是骨架先天畸形导致，更多的是平常的生活中不注意姿势，比如，站立的时候不中正，女生长期穿高跟鞋，等等，导致骨盆往左右或前后倾斜。还有的因为长期不运动或者车祸导致整个髋关节紧绷，很难做到松胯。另外，有些人的腿型是 X 形腿，不利于开裆。

太极拳示范动作

如果遇到这些情况，需要通过一些特别的训练，把筋拉开，把形调到一个正常的位置，就能逐步把握要领。当然，本身太极拳拳架的锻炼也是一个松胯的方法，最好结合拉筋、调形和练习，最终做到"圆裆松胯"。

6. 复归于婴儿，先做好舌抵上腭

练过传统功法如太极拳、八段锦、易筋经、五禽戏等的人，对"舌抵上腭"这个词不会陌生。简单地说，就是舌头轻轻抵住上腭。功法中认为这是沟通任督二脉的桥梁，俗称"搭鹊桥"。中医学认为，督脉循背，起于长强穴而上止于龈交，总督周身阳脉，为阳脉之海；任脉沿腹，起于会阴穴，上终于承浆，总任一身阴脉，为阴脉之海。

舌抵上腭可以上承督脉之终点龈交，下接任脉之起点承浆，对沟通任督二脉气血运行，形成"周天运转"起着极其重要的作用。

刚开始舌抵上腭，通常会有这些疑惑：打拳时舌抵上腭，人松不下来怎么办？舌抵上腭时上下牙要咬合吗？舌抵上腭是舌尖还是整个舌身？

承浆穴

俗话说，知其然知其所以然，我们练功也一样，要从大处着眼，小处着手。在进入具体细节之前一定要先搞清楚它的前提和目的。

在传统功法中，静坐、站桩、练拳等功法，目的都是让我们静下来，从而恢复先天所具备的感知力，人的身心完全进入一个先天的状态。老子说的"复归于婴儿"就是代表这样的状态。婴儿是最接近先天的一个状态，尤其是当婴儿在酣睡中，会让人感到非常安详静谧，和外界浑然一体。无论何时婴儿必然是全然放松的，头脑里面没有什么概念，身心状态也是开阔的。再观察婴儿的身体，可以看到呼吸是均匀深沉的，而舌头会自然抵在上腭部位。

上腭究竟是指哪里？上腭是一对位于上唇之后的锥状坚硬构造，其前端有切齿叶以切断和撕裂食物，后部有臼齿叶以磨碎食物。

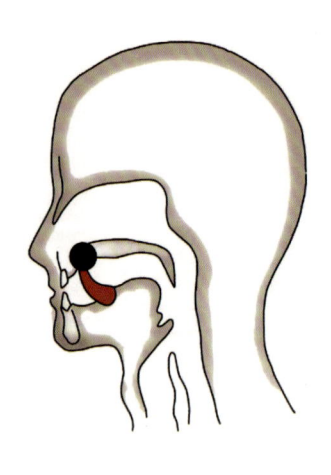

舌抵上腭

所以到底舌抵上腭怎么做？我们可以模仿婴儿的状态，练功的时候先保持身体放松，自然深长地呼吸。把嘴巴合上，牙齿轻微碰触，再把舌头往上翘，自然地让舌尖顶到上腭，但是不必计较具体抵在哪一个特定针孔大的点上，只要觉得舌尖抵到就好，整个舌头也是放松自然的，大体位置在上腭与上牙龈之间。

上腭与上牙龈之间

上腭与上牙龈之间的位置

通过舌抵上腭，能够让任督二脉沟通更顺畅，会感觉到口腔里气脉的流动变得更通畅，可疏通气血，口腔里面的津液会源源不断地渗出。唾液其实就是人体内最好的健脾胃的药。中医学认为，唾液能"润五官、悦肌肤、固牙齿、强筋骨、通气血、延寿命"。

古代养生学家陶弘景说："食玉泉者，令人延年，除百病。"练功过程中产生出来的津液属于道家说的上接甘露，千万不要浪费，把这个津液吞咽进肚子里可以养胃，有很好的养生效果。在现代医学曾经有人做过实验，当我们舌抵上腭时，能刺激到副交感神经，让人放松下来。在人体的神经系统里有自律神经，而它可分为"交感神经"与"副交感神经"。交感神经如同驾车时的油门，能让肌肉绷紧，心跳加快，人处于亢奋状态；副交感神经则如同刹车一般，能让肌肉松弛，血管扩张，继而平定心神，帮助睡眠。

初练站桩等功法的人，刚开始会有些不习惯，觉得不自然。不要紧，只要记住放松的大前提，练功的时候就不需要太纠结舌头应该抵在哪个点上，牙齿应该怎样等问题。坚持做等习惯养成自然，甚至在生活中也能时时刻刻舌抵上腭，完全不需刻意，自然发生。

如果说因为过于关注"舌抵上腭"导致人松不下来，那可以先暂时不去训练这个点。而可以重点放在面部表情的放松上，在面部表情自然放松的前提下再加上舌头微微抵在上腭，体会一下是怎样的。不要为了追求某个细节，把身体局部变紧了，而背离了中正放松的大原则。

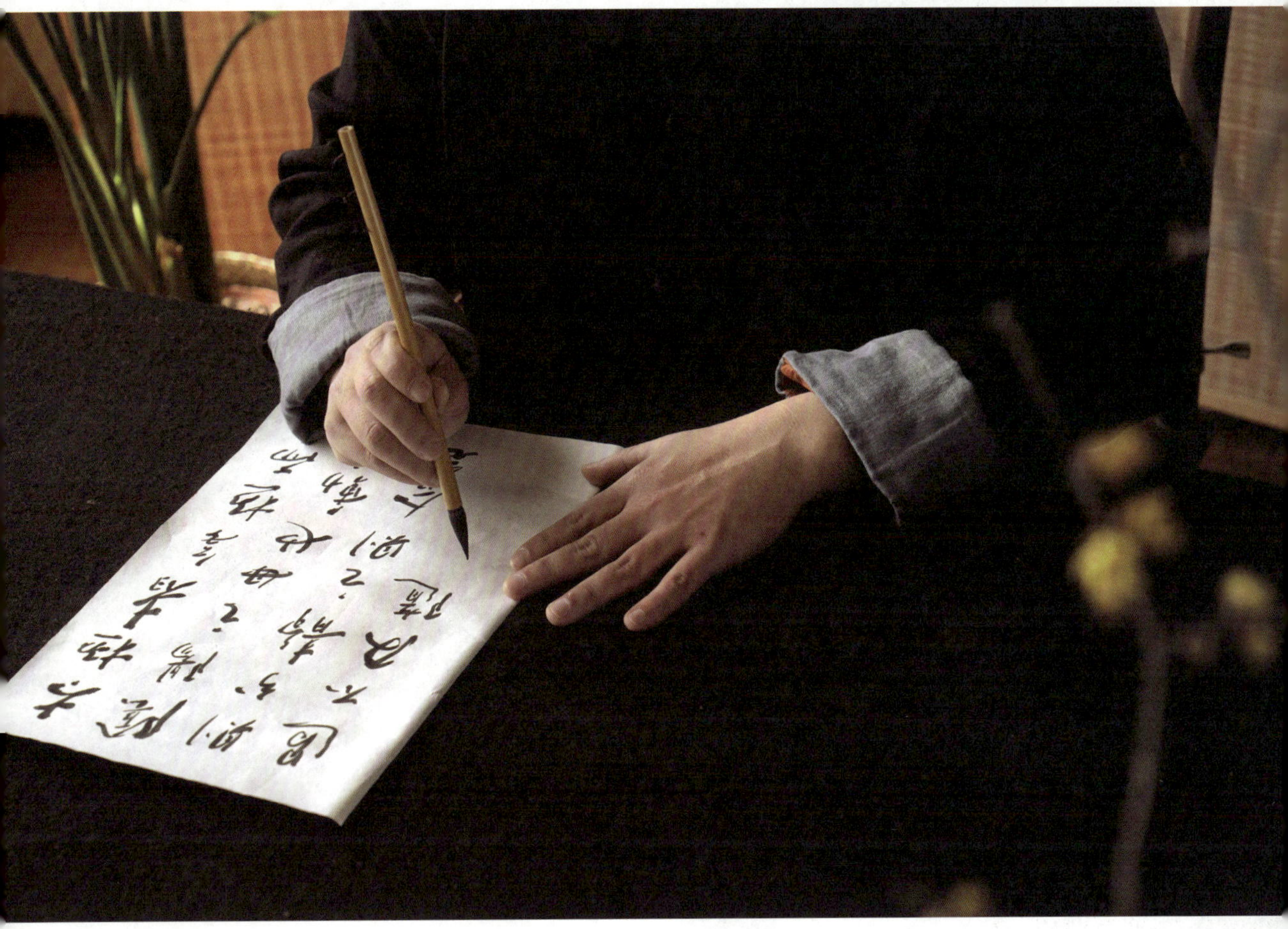

五味宜忌	
升降浮沈	
五運六淫用藥式	
五臟五味補瀉	

本草綱目卷之一	
序例上	
歷代本草	
神農本經名例	

附篇

太极文化的传播

据统计，太极拳已传入一百多个国家和地区，全世界已有七十多个国家和地区建立了太极拳组织，练习者达一点五亿人。太极拳之所以能这么广泛传播，在于其对身心的改善起到了非常明显的作用。二〇二三年，美国《时代周刊》还把太极拳称为「完美运动」。

一、我在欧洲教太极

在法国教授太极拳

2018年7月，是我第一次在国外完全用德语和英语教授太极拳和中医，过程虽然不容易，但获得了很好的反响，外国人对中国传统文化的哲学和智慧非常感兴趣和向往。

1. 如何用英语解释功夫

这一次教学，我尝试把中国传统文化里最高明的智慧分享给他们，但做起来确实不容易，因为很多词汇在他们的语言里是不存在的。譬如说，中国传统文化是一种功夫，而不是知识。这给中国人解释也是不容易的。

说到"功夫"这个词汇，在西方语言没有合适的表达词汇。西方文化是逻辑思维的文化，不是体验式的文化。直接讲 GongFu，他们会以为是 Chinese Gong Fu，中国武术。得益于之前有众多大师把佛法传播到西方，他们在解释功夫时会用"练习"这个词，practice。当被问到为什么修行人能通过修行或练习来认识心性或者转化习气，他们会说"This is my practice"，这是我的练习，通过这种表达来说明这是他的功夫。

学员中有人问我是如何做到太极的状态的，能让虚处变实，实处变虚。我也回答"This is my practice"。这样讲他们就能明白，功夫不是用头脑思考，而是用体验获得。不是逻辑思维或用头脑的，可以说"It is not something intellectual"。说到进入功夫里觉知的境界，可以翻译成 Awareness，德语叫 Gewahrsein。

2. 对于觉知的训练和解释

不仅是外国人，现在的中国人也一样，我们都缺乏静定和觉知的练习。纯知识性的头脑学习让我们产生对立，活在二元论(Dualism)里很多问题解决不了。这样离一体(Unity)越来越远，也就离自然和智慧越来越远。我和外国学员说，这是非常东方式的哲学观，一定要先分开谈。要阐述太极拳里无极和太极的状态，先要从这里开始。

在开场时开玩笑问他们，你们想学真太极还是假太极？真太极先要明理，也许有点枯燥；但假太极我也是高手，教你们一些花哨好看的动作。大家都

一致要学真太极。这里需要强调的是，我们不是一味否定头脑知识性的学习，而是要超越它，不受限制。这样一讲，外国人就能理解而不反感。我说这就是Reality，这是真实世界的情况。

尤其是讲到太极拳，它是先天之学，英语直接翻译为Pre-Heaven，以觉知作为学习的钥匙。后天翻译为Post-Heaven，以思想为主导。对于觉知的训练和解释是这一次欧洲行的重点，也是难度最高的，我用了很长时间来说清楚它的原理。觉知的训练是如何从识心（识神）转化为纯然的觉心（元神），to transform the mind。在解释到当我们静下来时，对一切都清晰地知道，无论是对念头、情绪、外界的声音或影像，还是身体的种种变化。不造作，no fabrication；不去抓取，no grasping and attachment；没有评判，no judgement；还有我很喜欢的一个词，没有参考点，no reference point。这样处于一种全然开放无抓取和充满知觉的状态，是先天智慧的开始，也是真太极学习的开始。

3. 相应是什么

在我长期学习和实践传统文化的日子里，观察了很多中外的学习者，大家虽然看了很多讲智慧的书，做了许多静定的训练，但对自己的现实生活却帮助不大，不能修正自己的行为习气和执念。这个问题非常严重。大家往往在静定当中获得一些宁静和表层对身心的觉察，但是一旦回到生活中就被打回原形，功夫完全用不上，不能与生活打成一片。之后有一些人就会退而求其次去寻求所谓的术或技巧，这样离道就越走越远，甚至反过来批判，这在历史上大有人在。

其实，深入剖析其中的缘由，就是见地不深，下功夫不够，不能起用。若要起用，必须明白和修证"相应"的功夫。在太极拳中，有非常系统的学习方法，并在实用中去检验，不让我们落在虚无的幻觉里面。

说到"相应",它是建立在"觉"的前提下的,前面已经谈到。可以说,没有真正的"觉",就没有真正的"相应"。"相应"这个词对中国人并不陌生,可以理解为一种交感和连接。

再三强调,"相应"不是一种思维和哲学方式,是真实能体验的功夫,虽然要去练习。因为在太极拳的练习中,重点和一直要练的就是"觉"和"相应",两者相互促进。在太极拳中要先练出在觉性的感知中一元非对立的状态,所谓的"无极",再去和所有感知中的空间去相应。当我们在这种一元和空间相应的状态下,用心意去运化,这种能量的流动在太极拳中称之为"势"。

4. 太极是一种智慧

去欧洲教学之前,特意问了一位美国朋友 Bryan,"相应"该如何翻译。他是一位瑜伽修行者和中医师,通晓东方文化。我感觉用"Connection",中文是"联结",不能完全解释清楚相应。Bryan 就和我说可以用"Resonance",意思是"共振或共鸣"。我说这个太棒了,结果让我在欧洲教学中获得好评。

还有一个更大的翻译难题,"势"到底该如何翻译呢?我绞尽脑汁都想不出,问了几个母语英语的人,有一些也是学中国文化和武术的,都不太理想。他们说可以翻译为"Potential Energy",翻译为"潜在能量",或是"Momentum",意思为势头或物理学中的动量,但我在上海给外国人解释时都不太理想。后来我的美国好朋友 Mattias,中文名慈和,他刚好经过上海,我就请教了他。他也是一位中国文化通,多年主攻道家和中医的研究,翻译了多本书。他一时说不出来，说让他想想。

两周后他发微信给我，说他终于找到了。原文如下，还是用繁体的：

感覺我終於能回答你的問題，太極拳所講的"勢"應該可以說近乎物理學所講的"力"（這並非力氣的意思）。因此，我認為太極拳的勢最恰當的翻譯就是"force"。Force實際上是一個非常好的詞，因為它的用途很廣，有時候它很明確是物理學的力，有時候它的意義也很抽象。

比方说，在"force of nature""force of attraction""force of will"等說法裡面。它總指一種說不清楚不過頗能影響事物的力量；它既不是能量（或氣），又不是資訊；它是一種看不見摸不著，卻能引起實際變化的……理。怪不得《星球大戰》的劇本裡面到處都出現這個詞。其實，說到這點，這個單詞唯一的缺點就是很多聽眾會以為你的意思是練太極拳會讓你變成Jedi哈哈。所以，講課的時候，要保證學生聽完了還是腳踏實地地練功，哈哈！"

通过太极拳的演示，我演示了这种功夫的体与用，让他们极为震撼。我也通过太极拳得到极大的帮助，因为通过演练他们马上理解，不用费太多口舌和无谓的讨论。不信，就试试。Try, let me show you! 我挑他们当中个子和力气最大的来尝试，他们如何用力也控制不了我，"势"的威力是惊人的。

最后，当在多个教学点结束教学时，我都会提道：这是一种智慧，是人类文明的瑰宝，无国界，不独属于任何一个民族。它会对每个人身心带来很大的收益，让我们之间和谐共处，获得大自在。

二、李小龙与太极文化

这一篇想通过李小龙这个人物来探讨太极文化对他和现代的影响。

李小龙给我的人生带来巨大启迪。可以说，我能走进传统文化的大门和他有着莫大的关系。我从十二三岁就开始研究他，自认为对他的了解还是比较深入的。他的书、电影和访谈处处流露着对传统文化的传承。虽然他只活到33岁，但作为华人在国际上的影响力至今未曾衰退，甚至有增无减。到现在我身边仍有许多年轻人视他为偶像。作为一个电影明星，拥有这么大的力量，能影响一代又一代的人，一定是励志和正面的。

对我来说，李小龙可以称得上是中国的民族英雄。什么是民族英雄？民族英雄就是能为我们中华民族争光且广为人知的。如果我们到国外去随意问一个人，能否说出一个中国英雄的名字，时至今日他们也只说得出李小龙。他虽然是一个武打明星，但其影响力远远超过了任何一名演员。

为什么这样说呢？在李小龙没有出来之前，大部分外国人对中国人的印象都是胆小懦弱的。在外国人眼里中国人都是戴着高帽子，小眼睛，留着两撇小胡子的"东亚病夫"。李小龙通过电影和各方面的努力，纠正了外国人对中国人的偏见，让他们认知到中国人并不是这样的，中华民族是一个有着悠久历史和文化，充满正义感的民族。他在这一方面的贡献功不可没，之前没有人能做到。在一次访谈中，他也用英语讲到他的愿望："I have already made up my mind that in the United States I think something about the oriental I mean, the true oriental, should be shown."就是"我下定决心要在美国展示真正的东方"。这是何等的志气和文化自信，而且他确实做到了。

李小龙影响了国内外非常多的人。在武术方面，很多武术家、搏击冠军，乃至综合格斗的高手都深受他启发，视他为学习榜样。像综合格斗高手"嘴炮"康纳麦格雷戈曾在访问中说，如果李小龙参加格斗比赛一定是冠军。因为他像水一样灵动和具备巨大的杀伤力。我想这不完全是恭维的话。

他的影响力是跨领域的，无论是篮球明星科比，还是香港喜剧之王周星驰，在他们的采访中都谈到了李小龙对他们人生的影响。不仅是心理方面的，还有哲学方面，比如，他对年轻人有着正直和积极的心态影响，教会我们不断突破自我，保持个人的开放度，接纳所有的可能性，勇敢冲破所有障碍。

通过电影，他也把武术带到全世界，因此，"功夫"这个词才写进了英语字典和百科全书。

我了解李小龙的生平和他的哲学思想，是在我十几岁时有次逛书店，无意中在武术类书架上看见了他的个人传记和武术专著。那一次我在书店里停留了很长时间，晓得了他从小是香港的童星，不到一岁就出现在了电影里，他的父亲李海泉也是电影演员。李小龙长大后学习武术，拜咏春拳一代宗师叶问为师。除了武术外还是"舞林"高手，曾获得香港恰恰舞冠军。十八岁左右因为到处打架，惹上了不少事情，被父亲送到美国念书。书里还写到李小龙当年在美国是如何接受各方的武术挑战，以及如何在美国打出一片天地的，之后又回到中国香港拍电影，等等，书的内容非常精彩。

李小龙去世后，他的妻子根据其生前手稿编了一本书，书名是《截拳道之道》。书中除了武术搏击的内涵，还有大量哲学思想，尤其是禅宗和道家的精神。我就是通过这本书被吸引走入传统文化的。这里可以引用书中他用中文写成的手稿之一中四段话：

拳道与拳术：

"拳道以意会，力拙而意巧，力易而意难，若要由自然动静中悟出万物变化之理，自万物变化之理中悟出别人之拳法之节奏破绽，乘虚而入，如水渗隙。"

心拳与术拳：

"大巧若拙,拙中之巧,返璞归真,内蕴天地变化之机,外藏鬼神莫测之变。"

哲意之境：

"有些武术虽然先声夺人，但却如喝掺水之酒，令人越瞧越觉无味，但有

《截拳道之道》书影

些武术其味虽觉苦涩，但却如细嚼橄榄，便令人越想越是回味无穷。"

入世与出世：

"不再以出世为修炼拳道的途径而完全入世了，如佛门弟子"心经"入世的修为方为正果。此番入世之后便可自红尘中修学以前无法学到的自然平常的路径。"

除此还有，书中第一章的标题是"清空你的思绪"，副标题是"动如水，静如镜，反应如回响"，这显然是深深受到太极文化的影响。我相信，如果大家读完这本书，就能与这几句话相应上。

很多人会问，他的思想是从何而来的？主要有三方面原因：第一是因为学习咏春拳的关系，咏春拳本为五枚师太所创，拳法中具有丰富的哲学内涵；第二是曾经跟随父亲李海泉和梁子鹏分别学习过太极拳和意拳这样的内家拳术，而内家拳和传统文化是紧密联系的；第三是李小龙去美国读书，在大学里学习哲学，深受孔子、老子、禅宗、斯宾诺莎和克里希那穆提等人和著述的启发。

为什么我会说他受太极文化的影响很大呢？因为他的人生哲学和武术哲学浓缩体现在他武术学校的徽章里了：中间是太极图，旁边写着"以无法为有法，以无限为有限"。这是他二十出头时设计的，很了不起。

李小龙创作的徽章

这个徽章包括了道家和禅宗的意涵。太极图代表阴中有阳，阳中有阴，一切都在动态中维持平衡。"以无法为有法，以无限为有限"的思想出自禅宗。禅宗的思想是在佛家中非常超脱的，讲究"实相无相，微妙法门，不立文字，教外别传"。也经常提倡无修之修，以无门为法门。其主旨是不让人落在任何概念里，不然就会受到束缚，不能自在。"以无法为有法"，贯穿在李小龙的整个武术思想里，真正的方法是没有方法，《金刚经》里写到"法尚应舍，何况非法"，一旦落在具体的方法或技巧里必然受限制，不能灵活施展。"以无限为有限"，也说明真正的限制是没有限制，落于任何观念上的"有"和"无"都是错的，而唯一正确的是两边皆不立，走中道。

他从学咏春拳到创立截拳道是一个转变，咏春拳是一个门派，但他不想受到局限，二十出头创立截拳道。截拳道有三层含义：一是我永远比人快，敌不动，我不动，敌一动，我先动，可以利用速度截停对方任何进攻。这需要直接和简单，没有任何花招与拐弯抹角，才能充分表达自己，类似佛家所说的"直心是道场"；二是在粤语里"截"和"哲"读音是一致的，所以"截拳"也代表"哲拳"，一种富含哲理的搏击术；三是"道"这个字，可以利用拳来悟道，悟出拳术的体与用，即源头与规律。总而言之，截拳道不拘泥于形式。直到现在，李小龙的传人非常多，且在全世界传播。

从他的电影里面也可以看到其哲学思想，比较明显的是电影《龙争虎斗》中阐述的道理。电影一开始李小龙和洪金宝在打斗，结束后画面就转到高僧和李小龙的对话，高僧问他拳术最高的境界是什么。

高僧：你的武功已经超出有形的境界，进入了化境。此后望你能身心一致，发挥到最高境界。马上回答我：什么是武术的最高境界？
李：把技巧隐于无形。
高僧：还有，当你面对敌人的时候有什么感觉？
李：我眼里没有敌人。

高僧：那是为什么？

李：我只是个抽象的字，没有别的意思。

高僧：好，说下去。

李：我觉得格斗应该是一种游戏，可是我非常严肃地玩这种游戏。作为一个好的武术家，绝对不应该拘于形式，而要把技巧融化，收发自如。当对方畏缩的时候，我就立刻伸张。而当对方伸张的时候，我就应该步步小心，处处设防。这就是以退为进，以进为退。当我在绝对有利的时候，用不着我思考，它自然就把对方击倒。

高僧：不错，所谓敌人，只不过是一个幻影，而真正的敌人则藏身于其后，你若能消灭幻影，就能消灭敌人的真身。

同一部电影中还有一段和小徒弟的对话也很有意思。他让徒弟踢他一下，看看武术有没有进步，小徒弟就对他做了两次腿法进攻。

前两次踢得都不对，到第三下前通过再一次指导后终于对了。李小龙说：别想，去感受！就好像是你把手指向月亮，如果你的眼睛专注于手指，那就会错过所有月亮的光华了。这个道理出于禅宗"标月之指"的公案。

最后就是要去看他1970年在香港的访问。外国人访问他，讲得很精彩，内容都是中国传统文化关于太极的哲理。

李小龙在访问中最经典的一句话，阐述什么是最高境界："清空你的思想，无形态，无形状，像水一样。你将水倒入杯里，水就变成杯的形状；你将水倒入瓶里，水便变成瓶的形状；你将水倒入茶壶，水便是茶壶的形状。水能流动，亦能撞击。像水吧，朋友！"

在访谈的结尾，因为李小龙出生在美国的关系，主持人问他如何定位自己是哪里人的时候，他很机智地回答："在天底下我们是一家人，只是当中每人不一样而已。"

这个思想和传统文化的思想很接近，没有对立，大家都是平等的。如果能接触到他的思想，对于进入到更高的人生境界会很有帮助。

最后我们以一首李小龙的诗作为此篇的结束，此诗附在《截拳道之道》这一本书上，是他用英语写成的，我用中文翻译。

寄予心灵究竟的解脱，
从那思想和情感，
纵然猛虎也找不到地方，
施展它凶猛的利爪。
微风一如既往地吹过，
飘越山峰松林，
吹过深谷橡树，
它们为何如音符般交响？

161

无思无想时，

正是圆满的空性，

然而无明一动，

沿流不止。

明明能看见，

却无法抓住，

如水中月，

或云彩与薄雾，

在虚空中变幻，

唯日月永恒的光芒能超越它们。

胜利是属于那位，

即使在大战前夕，

浑然忘我，

始终不渝之人。

附录：

董斌老师在上海传承脉络

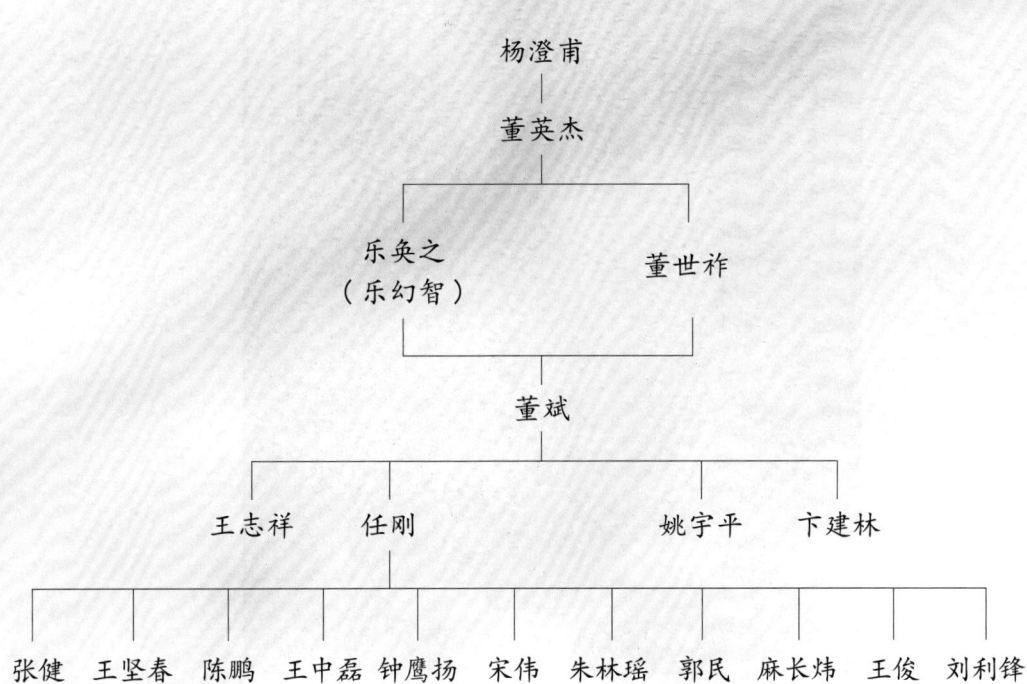

```
                    杨澄甫
                    董英杰
              ┌───────┴───────┐
           乐奂之            董世祚
          （乐幻智）
              └───────┬───────┘
                    董斌
   ┌──────────┬──────┴──────┬──────────┐
 王志祥      任刚          姚宇平      卞建林
┌──┬──┬──┬──┬──┬──┬──┬──┬──┬──┐
张 王 陈 王 钟 宋 朱 郭 麻 王 刘
健 坚 鹏 中 鹰 伟 林 民 长 俊 利
   春    磊 扬    瑶    炜    锋
```

作者与南怀瑾老师

师爷董斌老师　　　　　　作者与太极师爷董斌老师

参考书目

[1] 张松辉、张景译注.《道德经》[M]. 北京：中华书局，2021.

[2] 姚春鹏译注.《黄帝内经》[M]. 北京：中华书局，2010.

[3] 南怀瑾.《孟子与公孙丑》[M]. 上海：复旦大学出版社，2017.

[4] 任刚.《太极真精神》[M]. 北京：华夏出版社，2019.

[5] [清]王宗岳等.《太极拳谱》[M]. 北京：人民体育出版社，1995.

[6] 孙禄堂.《孙禄堂武学录》[M]. 北京：人民体育出版社，2003.

[7] 杨澄甫.《杨澄甫武学辑注》[M]. 北京：北京科学技术出版社，2016.

[8] 李小龙.《截拳道之道》[M]. 北京：北京联合出版公司，2014.

后记

这本书的出版首先要感谢南怀瑾老师。感恩他把我领进了传统文化之门，并且有幸在其身边亲炙十年，感受到传统文化之博大精深，开启了我的慧命。至今，我仍无时无刻不感受到南师在前面指引着。

再者感谢太极拳授业恩师任刚师父。2007年至今为我传道、授业和解惑，让我从此对武术再没有任何疑惑。切身的真实受益，让我更想把太极拳的传播变成终身的事业，帮助他人找到健康和谐之道，让此大学问薪火相传。

感谢自道精舍这个文化平台，感谢观慧女士给予我多年来实践和传播传统文化的机会，通过十二年的教学看到许多太极学习者在身心上的改变，让我发现传承太极拳在当代的重要意义。

感谢复旦大学沈国麟教授的信任，邀我担任"文化传家"系列丛书中关于太极拳方面的作者，为本书封面题字，并对书稿给予修改建议。

感谢文汇出版社的编辑鲍广丽老师和美术设计董春洁老师为本书的悉心付出。

感谢岳强老师，悉心为本书拍摄封面图以及文字配图。

感谢大美生生的冯刚老师，在江西宜黄为我拍摄的拳照。

感谢自道书院的院长燕凯老师为本书提笔书写的墨宝作为插图。

书中的文章是在以往讲课的基础上改编而成，感谢阮永红和张珂对文字的汇整，感谢以往把讲课录音整理成文字的每一位学员。

最后感谢我的父母，给了我一个好的身体，并且一直支持我的学习。

这是我的第一本中文书，尝试把多年的学习和感悟写进里面，但因本人不善文辞，拙于写作，望包涵指正。

钟鹰扬
壬寅元旦于沪上

图书在版编目（CIP）数据

太极文化：中国人的修身之道 / 钟鹰扬著. -- 上海：文汇出版社，2023.8
（"文化传家"系列丛书 / 沈国麟主编）
ISBN 978-7-5496-4043-0

Ⅰ.①太… Ⅱ.①钟… Ⅲ.①太极拳－文化研究－中国 Ⅳ.① G852.11

中国国家版本馆 CIP 数据核字 (2023) 第 088545 号

（"文化传家"系列丛书）
太极文化：中国人的修身之道

主　　编 / 沈国麟
策　　划 / 岳　强

著　　者 / 钟鹰扬
责任编辑 / 鲍广丽
装帧设计 / 董春洁

出 版 人 / 周伯军

出版发行 / 文汇出版社
　　　　　上海市威海路 755 号
　　　　　（邮政编码 200041）

经　　销 / 全国新华书店
印刷装订 / 上海颛辉印刷厂有限公司
版　　次 / 2023 年 8 月第一版
印　　次 / 2023 年 8 月第一次印刷
开　　本 / 787×1092　1/16
字　　数 / 105 千字
图　　片 / 60 幅
印　　张 / 11.75

ISBN 978-7-5496-4043-0
定　　价 / 88.00 元

如有印装质量问题，请与出版社出版部联系调换。